# Somos lo que hablamos

# LUIS ROJAS MARCOS

# Somos lo que hablamos

## El poder terapéutico de hablar y hablarnos

Grijalbo

DARWIN: ¿Y qué es para ti estar contento?
NIÑO DE 4 AÑOS: Reírme, hablar y dar besos.

CHARLES DARWIN, 1872

# Índice

SEGUNDA PARTE

# PRIMERA PARTE

# 1

## Hablar: medicina de la calidad de vida

> La salud es el estado de completo bienestar físico,
> mental y social, y no solamente la ausencia de enferme-
> dades.
>
> Organización Mundial de la Salud,
> «Constitución de la OMS: Principios», 1946

Un número creciente de estudios científicos demuestra que algo tan natural para cualquier ser humano como hablar está íntimamente relacionado con la buena salud y la satisfacción con la vida en general. De hecho, hablar, en cualquiera de sus formas, no solo añade vitalidad a los años sino también años a la vida. Por eso hablar se ha convertido en un remedio esencial de lo que hoy llamamos «medicina de la calidad de vida». Me explico. Gracias a los enormes avances en el conocimiento, la medicina actual ha ampliado su misión tradicional de prevenir y curar enfermedades con el fomento de actividades que protegen y auspician nuestra calidad de vida. Las semillas de este nuevo cometido de la medicina fueron sembradas por el médico croata Andrija Štampar y el diplomático chino Szeming Sze en 1946, cuando lograron que la Organización Mundial de la Salud (OMS) definiera la salud como «el estado de completo bienestar físico, mental y social, y no solamente la ausencia de afecciones o enfermedades». «La salud es condición básica para la felicidad, las relaciones armoniosas y la seguridad...», declaró la OMS.

La idea de promover activamente el bienestar de la población tampoco entraba en la misión principal de la psicología. Esto explica que, hasta finales del siglo xx, los profesionales de esta ciencia prestaran más atención a la ansiedad que a la confianza, a la tristeza que a la alegría. Sin embargo, en el año 2000 un grupo de psicólogos, encabezado por Martin Seligman, de la Universidad de Pensilvania, fundó la ciencia de la *psicología positiva*, que estudia los rasgos de la personalidad y las actividades que contribuyen al bienestar emocional y la satisfacción con la vida. «Los científicos de la mente del nuevo milenio no solo se preocuparán por corregir lo peor de la condición humana, sino que también se dedicarán a identificar y promover lo mejor», decía Seligman.

En la práctica médica, el ejemplo más tangible y memorable de medicina de la calidad de vida es la píldora anticonceptiva. Comercializada en 1960, esta combinación de estrógeno y progesterona no cura ni previene ninguna enfermedad: sencillamente inhibe la ovulación en la mujer y, por lo tanto, el embarazo. La *píldora* ha liberado a millones de mujeres en todo el mundo y mejorado su calidad de vida al poner en sus manos la crucial decisión sobre la maternidad. Otros ejemplos más recientes de fármacos de la calidad de vida incluyen cremas y ungüentos que borran arrugas de la cara o combaten la calvicie, estimulantes del estado de ánimo y facilitadores del sueño, sin olvidar la pequeña tableta azul, compuesta de sildenafilo: la célebre Viagra. En un inicio utilizada para tratar la angina de pecho, desde 1998 se receta para restaurar el saludable y placentero vigor sexual en hombres maduros estresados, aburridos o con el metabolismo alterado.

Más allá del mundo de los fármacos, otro conocido ejemplo de medicina de la calidad de vida es la actividad física. Desde los años ochenta, innumerables estudios demuestran que el ejercicio físico habitual fortalece nuestro sistema inmunológico, ayuda a prevenir dolencias cardíacas como la enfermedad coronaria y también la obesidad y la diabetes tipo 2. Además, el ejercicio aumenta la resistencia al estrés, protege de la depresión e induce estados de ánimo positivos al incrementar la producción de serotonina en el cerebro, la sustancia encargada de estimular emociones placenteras. Pero esto no es todo: la conexión positiva con nuestro cuerpo es una parte importante de nuestra satisfacción con la vida. Por ello tantas personas saborean la sensación de control sobre su cuerpo y sus movimientos practicando deportes, juegos, danzas y demás actividades físicas estimulantes.

Naturalmente, para que estas actividades protectoras tengan efecto debemos practicarlas con regularidad. Como el naturalista francés Jean-Baptiste Lamarck estableció hace un par de siglos:

> El uso continuado de cualquier órgano lo fortifica poco a poco y le da una fuerza proporcional a la duración de dicho uso. Por el contrario, la falta de uso lo debilita y lo atrofia hasta hacerlo desaparecer.

Los efectos protectores de las actividades físicas, mentales y sociales que fortalecen nuestra salud y satisfacción con la vida son un buen ejemplo de este principio.

Mi objetivo en este ensayo es compartir el conocimiento científico acumulado en las tres últimas décadas que demuestra el papel fundamental del lenguaje hablado en la promoción de la salud y la longevidad vigorosa. Yo mismo he comprobado esta relación en medio siglo de práctica médica y psiquiátrica, así como en numerosas situaciones personales a lo largo de mi vida. Estoy convencido de que hablar es la actividad humana natural más eficaz a la hora de proteger la autoestima saludable, gestionar nuestra vida, disfrutar de la convivencia y las relaciones afectivas, y estimular los dispositivos naturales que facilitan nuestro bienestar físico, mental y social.

Debo matizar que los conceptos que expongo en este libro se refieren principalmente a la palabra hablada. No obstante, en muchos sentidos también son aplicables a las lenguas de signos. Hoy se emplean numerosos lenguajes de signos en las comunidades de sordomudos; son expresiones tan precisas y emotivas como las lenguas habladas y, del mismo modo, requieren transformar imágenes, ideas y emociones en símbolos que se representan con las manos y los gestos faciales. El lenguaje escrito juega un papel trascendental en nuestra vida, pero es otra cosa y requiere una consideración aparte. A diferencia del habla, el invento de la escritura es hasta cierto punto reciente: coincidió con la aparición de la agricultura y el asentamiento de nuestros antepasados en las primeras ciudades en Mesopotamia, hace unos seis mil años. Allí, empleando signos en forma de cuña, los sumerios idearon las primeras palabras escritas, una de las invenciones más trascendentales para el género humano puesto que amplió nuestras posibilidades de comunicación, nos permitió dar fe del transcurso de la historia y crear una nueva forma de arte: la literatura. Sin embargo, escribir, como tocar el piano o tejer, es una actividad manual aprendida que merece ser tratada independientemente. Y aquí incluyo los mensajes a través de internet y los teléfonos móviles.

En los capítulos siguientes comienzo por compartir algunas experiencias personales en las que el habla ha jugado un papel principal. A continuación, defino qué es hablar y comento el polémico origen del lenguaje y el multilingüismo. Describo los centros cerebrales encargados del lenguaje y examino sus dos funciones principales: hablar para comunicarnos o lenguaje social, y hablarnos a nosotros mismos o lenguaje privado.

Paso después a detallar la influencia del equipaje genético en nuestra expresividad y las etapas del desarrollo del lenguaje en la infancia, así como los factores familiares y del entorno que lo estimulan. Describo también cómo el sexo, la personalidad, la edad y las normas culturales influyen en nuestra forma de hablar. Acto seguido, describo los trastornos físicos que dañan el lenguaje, como la sordera infantil, la *afasia* o pérdida de la capacidad de hablar a causa de lesiones cerebrales y demencias, y los estados de mutismo causados por trastornos psicológicos, así como la *alexitimia* o incapacidad para reconocer y describir las propias emociones. Menciono además las vidas de clausura que eligen voluntariamente algunas personas dedicadas a la oración y el silencio. También señalo la tartamudez, el trastorno de la fluidez del habla que se caracteriza por las repeticiones involuntarias de sílabas o palabras.

Abordo luego el lenguaje social y cómo las formas de hablar afectan nuestra imagen, inclusive la influencia de nuestro acento. Repaso también la proyección de nuestro estado de ánimo, la ansiedad y la tristeza sobre nuestro lenguaje. En cuanto al lenguaje privado, todos gozamos de la capacidad de introspección, de observarnos y juzgar nuestra forma de transformar lo que pensamos y sentimos en palabras, así como de cuestionarnos el vocabulario que elegimos para expresar lo que queremos comunicar. «Me pregunto por qué dije aquello», nos decimos. En ese sentido, somos compositores y oyentes simultáneos de nuestro lenguaje. Al ser la introspección una actividad tan personal, nuestras observaciones y explicaciones llevan siempre una carga de subjetividad. Como sabiamente nos advirtió Albert Einstein, el punto de mira del observador moldea de una manera inevitable su percepción de las cosas. Exploro también el papel de los soliloquios a la hora de forjar y proteger nuestra autoestima o valoración que hacemos de nosotros mismos, así como su influencia en nuestras funciones ejecutivas. Estas funciones nos ayudan a aprender, a regular nuestros comportamientos, a tomar decisiones, a gestionar nuestra vida, a alcanzar las metas que nos proponemos y a fortalecer nuestra resiliencia, esa mezcla de resistencia y flexibilidad tan necesaria para superar los inevitables retos que se cruzan en nuestro camino. Paso después a examinar el mundo de la psicoterapia y el poder de la conversación a la hora de afrontar y solucionar problemas emocionales, resolver conflictos en nuestras relaciones y aumentar nuestra satisfacción con la vida. Asimismo, analizo en detalle la evidencia científica que relaciona el habla y la extroversión con la esperanza de vida o la cantidad de años que vivimos. Por último, ofrezco una serie de recomendaciones y sugerencias prácticas sobre el habla, fruto de observaciones apoyadas por la ciencia, de conocimientos acumulados a lo largo de mi vida, así como de ideas compartidas por otros.

Como probablemente sabéis, queridos lectores, mi interés por las cualidades naturales que protegen nuestra salud y contribuyen a la satisfacción con la vida viene de antiguo. Esto explica que a lo largo de este ensayo encontréis algunos conceptos y datos que ya he expuesto en obras anteriores. Para facilitar la lectura, he tratado de minimizar la inclusión de referencias en el texto. Las he reunido todas en la sección de «Notas y referencias bibliográficas», al final del libro.

Antes de entrar de lleno en materia, permitidme que comparta algunos detalles personales sobre los pormenores de mi relación con el lenguaje hablado. Y cuando digo «lenguaje hablado», incluyo hablarme a mí mismo. Sin duda, esta relación generó en mí un temprano interés por conocer el papel del habla en nuestra salud y satisfacción con la vida.

# 2

## Mis historias con el habla

TENTETIESO: Cuando yo empleo una palabra, significa
lo que yo quiero que signifique, ¡ni más ni menos!
ALICIA: La cuestión está en saber si usted puede con-
seguir que las palabras signifiquen tantas cosas
diferentes.
TENTETIESO: La cuestión está en saber quién manda
aquí, ¡las palabras o yo!

LEWIS CARROLL,
*A través del espejo y lo que Alicia encontró allí*, 1871

### NIÑO PARLANCHÍN

A los siete u ocho años yo era un niño alegre y sociable, pero
hablaba por los codos. Si bien mi natural verborrea me facili-
taba las relaciones con otros chiquillos y la simpatía de los
vecinos, a menudo se desataba en los momentos más inopor-
tunos, lo que, invariablemente, me traía problemas. Por ejem-
plo, en las comidas familiares no faltaban las miradas amena-
zadoras de mi padre para imponerme silencio. Tengo grabadas
en la mente las caras descompuestas de las exasperadas mon-
jas del colegio de párvulos de la Doctrina Cristiana mientras

intentaban mantenerme callado en mi pupitre por las buenas o por las malas, con tirones de orejas acompañados del proverbial ¡shhhh! Incluso mi muy querida y cariñosa madre, que había bautizado mis sonoros diálogos conmigo mismo con el nombre inventado de *furbuchi*, se veía obligada a recurrir al «pellizco de monja» para que dejara de hablar en alto durante la misa solemne de los domingos, en la iglesia de San Nicolás de Sevilla.

Para los padres y educadores de aquellos tiempos, la obediencia y sumisión silenciosa de los menores eran principios pedagógicos de primer orden. Como cabe imaginar, los niños hiperactivos y parlanchines, capaces de acabar hasta con la paciencia del santo Job, llevábamos muy mal el sometimiento a tales principios. Además, la imposición iba acompañada con una montaña de consejos y dichos, supuestamente sabios, sobre las bondades del silencio: «En boca cerrada no entran moscas», «El que mucho habla, mucho yerra», «Habla cuando te hablen», etc. Recuerdo que ya a los nueve años, después de haber provocado con mi hiperactividad una respuesta disciplinaria por parte de mis mayores, me asaltaba a mí mismo con preguntas en voz alta como: «¿Y quién demonios te manda incordiar tanto?». Entonces, me contestaba con los mismos calificativos que los adultos solían utilizar para describirme: «Eres un diablillo», «Un rabo de lagartija», «Es que no paras quieto», «Siempre hablando», «No callas»...

Pese a ser razonablemente avispado, mi perpetuo estado de «marcha» me robaba una gran parte de la concentración necesaria para asimilar las materias escolares. De hecho, los tropiezos colegiales se fueron sucediendo hasta culminar en cuarto de bachillerato, cuando suspendí todas las asignaturas excepto las llamadas coloquialmente «las tres marías»: Religión, Gimnasia y Formación del Espíritu Nacional. Ese descalabro escolar precipitó mi salida del colegio a los catorce años. Pasé un año probando suerte por libre en varios institutos y academias. Al fin y como última oportunidad, mis padres me matricularon en un colegio conocido por aceptar a muchachos cateados de otros centros. Esta nueva puerta abrió un capítulo decisivo en mi vida porque encontré maestras y maestros intuitivos y persistentes que detectaron en mí la posibilidad de rescate y me ayudaron a prestar más atención. Gracias a sus esfuerzos, la trayectoria de mi vida escolar comenzó a enderezarse poco a poco. Entre ellos destaca doña Lolina, la temida directora del colegio. Nada más llegar, me ordenó sentarme en la primera fila de la clase —para mí una gran novedad— y hablar «pausadamente» con el profesor cuando tuviese dificultad con la materia. Estoy convencido de que ella había preparado antes el terreno. El suspiro de alivio de mis padres, familiares y compañeros preocupados por mi suerte no se hizo esperar. El cambio para bien en mi rendimiento escolar se empezó a reflejar en las opiniones positivas que expresaban de mí. Al mismo tiempo, sus palabras llegaban a mis oídos y alimentaban mi autoestima y motivación para seguir avanzando. Esta experiencia me convenció de que la noción que los niños tienen de sí mismos es, en gran medida, el reflejo de los juicios y comentarios que los demás hacen de ellos.

Fue en esa etapa de mi vida cuando descubrí que los monólogos íntimos me ayudaban a recapacitar y explicarme a mí mismo mis comportamientos y las situaciones que me afectaban. También me servían para desahogarme, lo que mejoraba pasajeramente mi estado de ánimo. Me di cuenta además de que podía frenar mi locuacidad con toques de atención como «¡Calla!», «¡Espera!», «¡Presta atención!» o «¡Piénsatelo bien!». A la hora de estudiar, me decía que había llegado el momento de «concentrarme en concentrarme» y me aconsejaba que buscara un lugar sin vistas ni música de fondo que me distrajeran. Me recomendaba hacer esquemas y resúmenes de los temas para asimilarlos mejor, y me recordaba que era importante ajustarme a mi propio ritmo de aprendizaje, aceptando que yo necesitaba más tiempo para asimilar una fórmula química o retener un episodio de historia que mis compañeros de clase. Por lo general, mis monólogos discurrían en privado o con susurros, pues era consciente de que hablarse a uno mismo en voz alta ha estado siempre mal visto e, incluso, se considera un signo de locura. Ya tenía suficientes problemas con mis comentarios a destiempo, así que hacía todo lo posible por mantener las conversaciones conmigo mismo en la intimidad.

De mayor, el diálogo interior me ha sido y sigue siendo muy útil para regular mis impulsos y fortalecer la confianza y la resistencia en tareas que requieren un esfuerzo continuado. Estoy convencido de que esos 25 maratones que he corrido por las calles de Nueva York, acabados a duras penas en más de una ocasión, ya que soy un vencedor lento, no hubieran sido posibles sin los soliloquios. Unos eran inspiradores y me alentaban, como la frase de Martin Luther King Jr.: «Si no puedes volar, corre; si no puedes correr, anda; si no puedes andar, gatea; pero hagas lo que hagas, ¡sigue avanzando!». Otros me animaban a voz en grito: «¡Dale Luis!», «¡No te rindas!», «¡Bebe agua!», «¡Lo conseguirás!».

## La barrera del idioma: «No speak English»

El habla jugó también un papel primordial en la temprana fase de mi vida que se abrió con mi apresurada marcha a Estados Unidos en 1968, cuando apenas había cumplido 24 años y acababa de licenciarme en Medicina. Si bien el motivo oficial de mi viaje fue especializarme en Psiquiatría, en realidad buscaba nuevos horizontes y oportunidades que me apasionaran. Lo que en mi entusiasmo por partir no había previsto fue que, nada más pisar Nueva York, me enfrentaría a la *barrera del idioma*. Ese formidable obstáculo se debía a que mi dominio del inglés era limitado, tanto en el número de palabras como en mi capacidad para ordenarlas gramaticalmente y no digamos para pronunciarlas. Como consecuencia, las pasé moradas en mi primer trabajo como médico interno en el hospital Good Samaritan. Vivía angustiado por dos intensos temores: meter la pata hasta el fondo por no entenderles y que me devolvieran a la madre patria por no hacerme entender.

Nunca olvidaré mi primer día de guardia. Me encontraba leyendo tranquilamente en la biblioteca del hospital cuando oí por los altavoces: «*Doctor Marcos, ai si iú*». Yo entendí «*Doctor Marcos, I see you!*», que para mí significaba «Dr. Marcos, yo le veo». Perplejo, salí al pasillo para asegurarme de lo que oía y volví a escuchar el mismo mensaje. Busqué entonces al emisor del aviso, el altavoz que colgaba del techo, y respondí a voz en grito: «*I don't see you!*» (Yo no le veo). Por absurda que parezca, esta situación se repitió unas cuantas veces hasta que un compañero hispanohablante me alertó, con una sonrisa compasiva, de que el mensaje que escuchaba era una llamada para que acudiese a la Unidad de Cuidados Intensivos —Intensive Care Unit—, denominada habitualmente por sus siglas en inglés ICU, que se pronuncian «*ai si iú*». Creo que nunca he vuelto a sentirme tan en ridículo como aquel día. También se me han quedado grabados los gritos desesperados del cirujano y de las enfermeras en el quirófano, un día aciago de mi internado en que colaboraba como ayudante en una operación de vesícula biliar. Sostenía yo un catéter para drenar la incisión, ya cerrada, en el abdomen del paciente cuando mi precario inglés me jugó otra mala pasada: el cirujano me ordenó «*Push!*» (¡Empuja!), pero yo entendí justo lo contrario: «*Pull!*» (¡Tira!). Menos mal que el coro de gritos de los presentes me paralizó en el acto, pues de haber seguido tirando habría sacado el drenaje y el cirujano hubiese tenido que volver a abrir la incisión, introducir de nuevo el catéter y coser otra vez la herida.

Igual de memorable fue el día que asistí a la presentación clínica de un caso de fractura de pie. El radiólogo que exponía el tema ante los médicos del hospital localizó la fractura en uno de los huesos de la extremidad del paciente señalándola con un puntero. Acto seguido se dirigió a mí y me preguntó cuál era el nombre del hueso partido. Al verme dudar, pues yo no tenía ni idea de cómo se decía «metatarso» en inglés, me preguntó con curiosidad dónde había estudiado anatomía. «En Sevilla», contesté yo, y él replicó con sorna: «Doctor Marcos, ¿no será que en la facultad de Sevilla estudian anatomía en pollos?», lo que provocó la hilaridad general. Tras la sonrisa forzada con la que intenté capear las carcajadas de los asistentes se escondía mi temor a ser devuelto prematuramente a España.

Por suerte para mí, salvo contadas excepciones, los neoyorquinos no confunden no saber hablar el idioma con ser incompetente o ignorante.

Pero no todo fueron tropiezos, pues, para sorpresa mía, la *barrera del idioma* jugó un papel definitivo en mi progreso profesional en el mundo de la psiquiatría. Sensibilizado como estaba ante este problema, mientras trabajaba como residente en la Universidad de Nueva York me percaté de que los pacientes inmigrantes de Latinoamérica respondían de forma diferente a las preguntas del médico según la lengua que utilizase al entrevistarlos. La diferencia más obvia era que en español, su lengua materna, hablaban más y con más emotividad que en inglés. Un día trasladé esta observación a Murray Alpert, uno de mis profesores. No solo me escuchó con la mayor atención, sino que, ante mi asombro, decidió investigar a fondo el tema. En un par de semanas montamos una sala especial con vídeo para grabar y comparar la evaluación de estos pacientes en español y en inglés. De esta forma comprobamos que cuando los pacientes inmigrantes eran evaluados por psiquiatras en una lengua que no dominaban, se mostraban más ansiosos, deprimidos, tensos y, en definitiva, más enfermos que cuando la evaluación se realizaba en su lengua materna. Apenas un año más tarde, en 1973, las revistas de psiquiatría más prestigiosas del país publicaron los resultados de nuestra investigación.

Del mismo modo, observamos los problemas derivados de realizar los exámenes psiquiátricos a través de intérpretes o traductores espontáneos, entre ellos los familiares. Unos eran debidos a que las expresiones incoherentes de los pacientes eran «normalizadas» por los intérpretes inconscientemente al traducírselas al psiquiatra. Otros inconvenientes tenían que ver con los efectos de la subjetividad del intérprete, sobre todo si se trataba de un familiar del paciente. Por ejemplo, a las preguntas del psiquiatra sobre posibles ideas suicidas, el intérprete las negaba sin atreverse a preguntarle al paciente. A veces, en la traducción al paciente de la sugerencia del médico, por ejemplo de una medicina, el traductor incluía su opinión personal desfavorable, sin el conocimiento del psiquiatra. Motivo de enorme gratificación para mí fue que la divulgación de esos resultados sirviera para concienciar a los legisladores del problema. Una década más tarde, el municipio de Nueva York promulgaba la Ley de Intérpretes en las Urgencias, por la que se obligaba a los hospitales de la ciudad a disponer de intérpretes profesionales para que los médicos pudiesen examinar a los pacientes inmigrantes que no dominasen el inglés en su propia lengua.

Unos años después descubrí, en circunstancias bastante dramáticas, que la *barrera del idioma* podía llegar incluso a costarte la vida. Fue a causa de una petición del bufete de abogados Fulbright & Jaworski de Houston, Texas, que en septiembre de 2006 me encargó evaluar el estado mental de Virgilio Maldonado, un recluso de 44 años de edad, condenado por asesinato a la pena de muerte por inyección letal. Texas es el estado que más aplica la pena capital en Estados Unidos: un promedio de 16 personas son ejecutadas anualmente. Virgilio había nacido en México, en el estado rural de Michoacán. Desde muy pequeño había mostrado tal retraso en el lenguaje y dificultad para aprender que a los 11 años abandonó el colegio. Su carácter sugestionable y las dificultades escolares le causaron problemas en sus relaciones familiares y sociales durante la adolescencia, por lo que al cumplir los 22 años se unió a un pelotón de jóvenes mexicanos aventureros y cruzó la frontera con Texas. Trabajó de peón en el campo, pero nunca regularizó su situación de emigrante ni se asentó en un lugar fijo. Por fin, a los 25 años fue reclutado por una banda de jóvenes latinos traficantes de marihuana y un fatídico día de noviembre de 1995, obedeciendo órdenes del jefe de la pandilla, asaltó el apartamento de un rival y lo asesinó a tiros.

A petición del tribunal, Virgilio había sido evaluado por un psicólogo forense, con el fin de descartar la posibilidad de que fuese discapacitado intelectual, ya que la ley federal de Estados Unidos prohíbe la aplicación de la pena capital a convictos que sufren esta minusvalía. Pero el psicólogo consideró que Virgilio gozaba de un nivel normal de inteligencia, algo que, sin duda, le colocaba al borde de la ejecución. Sin embargo, al revisar el caso observamos que la evaluación había sido llevada a cabo en inglés, la lengua del psicólogo forense, pese a que el dominio de este idioma por parte de Virgilio era muy precario. Cuando analizamos con detenimiento la grabación en vídeo de la entrevista, nos llamó la atención la obvia dificultad del condenado para expresarse en inglés y la actitud despreocupada del psicólogo ante este problema. Más alarmante aún fue el hecho de que el experto, ignorando los efectos de la barrera del lenguaje, había considerado como normales los comentarios y declaraciones claramente inapropiadas de Virgilio, e incluso había adecuado muchas de sus erróneas respuestas a las preguntas del test de inteligencia. Al realizar una nueva evaluación de Virgilio, esta vez profesionales que hablaban español, resultó obvio que padecía una discapacidad intelectual debida a un trastorno serio del desarrollo cerebral infantil. Como consecuencia, el 22 de mayo de 2013, el Tribunal Penal de Apelaciones de Texas, de conformidad con la Ley Federal sobre Convictos con Discapacidad Intelectual y basándose en esta nueva evaluación, anuló la sentencia de muerte de Virgilio, reduciéndola a cadena perpetua con posibilidad de libertad condicional después de cuarenta años. El mismo tribunal procedió a revocarle la licencia de experto forense al psicólogo que lo había entrevistado en inglés.

## Todo es según el color de las palabras que usas

A medida que me integraba en mi nuevo mundo bilingüe descubrí en mí mismo la *independencia de las lenguas*, un fenómeno común entre quienes aprenden un segundo idioma ya de adultos, en un entorno muy diferente al de su lengua materna. Concretamente, noté que mi estado emocional variaba según el idioma que hablase. Por ejemplo, expresiones llenas de afectividad en mi lengua original, como «Te quiero» o «Lo siento», perdían intensidad emocional al convertirlas en «*I love you*» o «*I am sorry*». Igualmente, palabras de similar significado en ambos lenguajes, como «libertad» y «*freedom*», tenían para mí connotaciones diferentes y me provocaban imágenes y recuerdos distintos. Por no hablar del desahogo que me producía decir una palabrota o juramento en mi lengua materna, frente a la indiferencia en que me dejaban los tacos y maldiciones en inglés.

Curiosamente, aunque era consciente de que los seres humanos vemos e interpretamos el mundo que nos rodea según nuestro punto de vista o, como sugirió el poeta Ramón de Campoamor, «según el color del cristal con que se mira», nunca se me había ocurrido que además interpretáramos las cosas según la lengua o las palabras que usamos. Incluso comprobé que los recuerdos me provocaban emociones diferentes según el idioma en que los había grabado. En general, me resultaba más fácil verbalizar en inglés, mi segunda lengua, los recuerdos de situaciones penosas que había experimentado durante la infancia, aunque las hubiera vivido en español, mi lengua materna. Y es que en inglés las palabras tenían menos carga emocional. Un día me percaté además de que mi disposición cambiaba dependiendo de la lengua que hablase: en inglés me sentía más en control, más pausado, más analítico y menos sentimental que en castellano. Pero yo no era el único que experimentaba este cambio, como describió el psiquiatra alemán Ralph Greenson en 1950, en un artículo ya clásico sobre el tratamiento de una mujer que hablaba alemán e inglés y se sentía muy diferente según la lengua que hablase. «Cuando hablo alemán —la lengua de su niñez— me siento como una niña temerosa, inútil [...]. En inglés —su segunda lengua— me considero una mujer fuerte y segura de mí misma», explicaba la paciente.

A mediados de los años setenta, en mis comienzos como psiquiatra, me acostumbré a preguntar a mis nuevos pacientes bilingües en qué lengua preferían hablar, antes de empezar la entrevista clínica. Esta pregunta me abría la puerta a la exploración de su apego y relación con cada lengua, así como a examinar la posibilidad de que sus sentimientos y recuerdos de la infancia fuesen diferentes según el idioma en que conversáramos. Unos años más tarde, junto con mi buen amigo y mentor vasco el profesor José Guimón Ugartechea, tuve la oportunidad de confirmar el fenómeno de la *bipersonalidad* en numerosas personas bilingües que habían aprendido cada una de sus lenguas en contextos y a edades diferentes.

Cuando profundizamos en este fenómeno, comprobamos que los pacientes bilingües respondían emocionalmente a las pruebas psicológicas proyectivas de formas diferentes según la lengua en la que se les planteara el mismo test. Asimismo, descubrimos que personas bilingües que sufrían de *afasia* o perdían la capacidad de hablar a causa de accidentes vasculares del cerebro, a menudo recuperaban el habla antes en la lengua materna que en el segundo idioma que aprendieron, lo que implicaba la posibilidad de que cada lengua estuviese regulada por grupos diferentes de neuronas. Sin duda, el poder de las palabras va más allá de ser meros símbolos que usamos para expresar ideas, porque pueden moldear nuestro temple y nuestra perspectiva del pasado y el presente. Federico Fellini dio en el clavo cuando dijo: «Cada idioma es un modo distinto de ver la vida».

## Conversar es clave en mi profesión

En la práctica de la medicina es esencial la buena comunicación entre médico y enfermo. Por parte del médico, la comunicación efectiva se caracteriza por ser clara y comprensible para el paciente, directa y sin dobles sentidos. También debe ser completa y no excluir datos relevantes sobre la enfermedad, su pronóstico y tratamiento, además de transmitir empatía y esperanza. En psiquiatría y psicología la comunicación hablada es mucho más. A diferencia de la mayoría de mis colegas especialistas en medicina y cirugía, que utilizan una amplia gama de exámenes físicos, pruebas de laboratorio y aparatos para diagnosticar y tratar al paciente, en psiquiatría el lenguaje hablado es imprescindible a la hora de evaluar el estado mental de la persona. Cada día disponemos de mejor tecnología para observar el funcionamiento del cerebro en vivo y de métodos para identificar el nivel de ciertas hormonas y neurotransmisores en la sangre. No obstante, para llegar a un diagnóstico certero, el psiquiatra clínico necesita examinar, a través del lenguaje, las ideas, preocupaciones, comportamientos y estado de ánimo del paciente, así como explorar su memoria, su orientación, sus pensamientos, posibles delirios, alucinaciones o tendencias suicidas. Y no olvidemos la importancia de evaluar su historia desde la infancia, sus relaciones y ocupaciones, su capacidad de adaptación y su habilidad para superar la adversidad, así como la conciencia de su enfermedad y motivación para seguir un tratamiento.

Una vez alcanzado el diagnóstico, los psiquiatras contamos con fármacos eficaces para curar o aliviar una amplia gama de trastornos mentales, pero también sabemos que la mayoría de los pacientes se beneficia de la psicoterapia o terapia de conversación. El objetivo de este tratamiento no es solo aliviar síntomas como la ansiedad o la depresión, sino también ayudar a la persona a cambiar aspectos de su forma de ser que alteran su equilibrio vital o interfieren con el goce de las relaciones afectivas, la satisfacción en el trabajo o la realización de sus metas. Pese a los muchos años que llevo practicando medicina y psiquiatría, no deja de maravillarme el poder terapéutico del habla. A través de las palabras ayudamos a nuestros pacientes a desahogarse, a analizar los sentimientos y conductas que les preocupan, a resolver conflictos y a recuperar y mantener su satisfacción con la vida. Animar a los pacientes a expresar sus emociones con palabras y narrar los pensamientos y miedos que les abruman son herramientas básicas de la psiquiatría, porque alivian los temores, la confusión y la intranquilidad. La narrativa es una forma saludable de organizar las ideas angustiosas, quitarles intensidad emocional y convertirlas en pensamientos más manejables y coherentes. Reprimir o negar la realidad de una experiencia traumática, con el fin de enterrarla en el olvido o de mantener el equilibrio emocional, acaba generando problemas. Y es que los recuerdos traumáticos reprimidos o «parásitos de la mente», como los llamó el psiquiatra francés Jean-Martin Charcot, tienden a enquistarse y producir ansiedad, depresión, o a causar un trastorno crónico por estrés postraumático.

Como podéis ver, queridos lectores, mi relación con el lenguaje hablado ha sido, desde pequeño, una fuente interminable tanto de retos como de oportunidades. Ha jugado un papel trascendental en muchos momentos de mi vida personal y profesional, mientras alimentaba mi curiosidad y motivación por escudriñar y entender la influencia del habla en nuestra vida. A continuación, describo qué es hablar, señalo los centros cerebrales encargados del lenguaje y repaso brevemente los polémicos orígenes del lenguaje humano y la diversidad de lenguas. También examino la función comunicativa o social del lenguaje, así como el papel de las reflexiones a solas o el lenguaje privado. Veamos pues lo que es hablar.

# 3

## Qué es hablar

Los más grandes logros del ser humano vienen por
hablar. Y los más grandes fracasos por no hablar.

STEPHEN HAWKING, *Sigue hablando*, 1993

Hablar es expresar con palabras lo que pensamos, sentimos,
hacemos, nos imaginamos o percibimos a través de los senti-
dos. Se trata de un proceso que se produce y controla en el
cerebro a través de dos pasos: el primero consiste en transfor-
mar mentalmente ideas, sentimientos, sensaciones, obser-
vaciones e imágenes en palabras, los símbolos que organiza-
mos según unas normas de gramática para hacernos entender.
El segundo paso requiere hacer que suenen al vocalizarlas
mecánicamente.

## LAS NEURONAS DEL HABLA

Desde finales del siglo XIX se sabe que las principales áreas
cerebrales responsables de la producción del lenguaje están
localizadas en la mitad izquierda del cerebro en la gran mayo-
ría de las personas. Las neuronas encargadas de transformar

las ideas y demás percepciones o sentimientos en palabras fueron descubiertas en 1874 por el neurólogo alemán, experto en trastornos del habla o afasias, Carl Wernicke, con cuyo nombre se bautizó la zona del cerebro donde residen. Esta misma zona se ocupa también del proceso de comprensión del lenguaje hablado que escuchamos, y requiere justamente el procedimiento inverso a hablar, es decir, transformar las palabras que oímos en las ideas o las imágenes que representan. En la mayoría de las personas, la pronunciación de las palabras se gestiona asimismo en la mitad izquierda del cerebro. Las neuronas que se encargan de la producción física del habla se localizan en la llamada «área de Broca», que recibe este nombre en honor al médico francés Paul Pierre Broca, quien la identificó en 1864 tras descubrir daños en esa región en cerebros de pacientes ya fallecidos que habían perdido la capacidad de vocalizar o articular las palabras. Las neuronas del área de Broca mandan señales a los músculos de la laringe, la lengua, la mandíbula y los labios para que pronuncien los diferentes sonidos del lenguaje.

La vocalización, pues, se trata de un proceso mecánico o, mejor dicho, muscular que requiere convertir los símbolos mentales en vocablos sonoros utilizando la voz. Esto se consigue haciendo vibrar las cuerdas vocales, localizadas en la laringe o en la parte superior de la tráquea, con el aire procedente de los pulmones. Acto seguido, se modula el sonido con los músculos de la cavidad bucal, la nariz y, sobre todo, la lengua y los labios. La intensidad de la vocalización y el volumen del sonido de las palabras varían dependiendo de la situación y de nuestros deseos, pero independientemente del volumen que usemos, las ideas son siempre expresadas con palabras. La lengua es el órgano más importante en la pronunciación o vocalización de las palabras. La lengua es un músculo tan versátil como resistente. Se dice que todos los órganos del cuerpo humano se agotan en algún momento, menos la lengua. Quizá por eso el habla lleve su nombre y llamemos «don de lenguas» a la habilidad de comunicarse con facilidad en varios idiomas. Por ejemplo, en castellano, la pronunciación de las letras consonantes c, d, h, j, l, ll, n, ñ, r, s, t, z requiere la participación de la punta de la lengua. Los labios juegan también un papel fundamental en los sonidos de las letras b, f, m, p, v; el paladar en los sonidos de las consonantes g, j, k, q; y la bóveda bucal en el de las vocales a, e, i, o, u. Así pues, podemos hablar en voz alta o voz baja; también hablamos interiormente con murmullos cuando la pronunciación es casi imperceptible.

Durante la articulación del mensaje que queremos comunicar solemos gesticular o mover los músculos de la cara y las manos sin darnos cuenta, para representar de un modo visual nuestro estado de ánimo o dar énfasis a nuestras palabras. Además, mostramos nuestros sentimientos en el rostro y reflejamos así el componente emocional del mensaje que comunicamos con palabras. Con las manos también representamos los tamaños de las cosas, describimos estructuras —como una escalera de caracol— o señalamos direcciones. Sin embargo, hay movimientos de las manos cuya misión no es ilustrar o representar el contenido del mensaje hablado sino puramente facilitar la articulación y cadencia de las palabras. Estos movimientos son automáticos y nos ayudan a pronunciar y darle el ritmo o el acento apropiado al flujo de palabras que articulamos. De hecho, cuando hablamos en una segunda lengua que no dominamos hacemos muchos más. Unos son movimientos verticales cortos de la mano y el antebrazo que nos sirven de puntuación; otros consisten en rotaciones breves y más lentas de supinación de las muñecas con las manos algo abiertas con las que también marcamos el compás de nuestro discurso. Pero quizá el ejemplo más conocido y universal sea el expresivo gesto que producimos de forma instintiva cuando intentamos encontrar la palabra concreta: la buscamos y la sentimos cerca, y como no terminamos de dar con ella, nos señalamos una y otra vez la boca con la mano mientras decimos: «La tengo en la punta de la lengua». Buena prueba de la función lingüística de estos movimientos de las manos es el hecho de que, inconscientemente, los realizamos también en nuestros monólogos privados, cuando no contamos con interlocutores. Los podemos observar incluso en personas ciegas de nacimiento, que nunca han visto su propia actividad motora mientras hablaban.

Hoy en día sabemos que la misión de las neuronas del habla va más allá de crear y expresar las palabras que componen el lenguaje. Gracias a las técnicas de estimulación cerebral descubiertas en los años ochenta, que permiten activar y visualizar áreas concretas del cerebro en vivo mediante ondas magnéticas, hemos aprendido que las neuronas del lenguaje de las zonas de Wernicke y Broca se conectan entre ellas a través del llamado *fascículo arqueado*. Además, estas neuronas se enlazan y trabajan íntimamente con las neuronas del lóbulo temporal encargadas de guardar los significados de las palabras. También sabemos que la zona frontal de la corteza cerebral está especializada en captar los discursos en privado que nos ayudan a tomar decisiones y a razonar en privado las consecuencias de nuestros actos. Las nuevas técnicas de visualización del cerebro también han permitido comprobar que las neuronas de las zonas de Wernicke y Broca trabajan con las áreas cerebrales responsables de relacionar las emociones y el lenguaje. Por ejemplo, cuando expresamos con palabras emociones intensas interviene *la amígdala*, denominada así por su forma de almendra. Situada en la profundidad de cada lóbulo temporal, la amígdala es la parte del cerebro encargada de gestionar las emociones, tanto positivas —de cariño, alegría y excitación sexual— como negativas —de angustia, miedo y furia—. La amígdala capta las palabras o señales de peligro y da automáticamente la voz de alarma que nos empuja a reaccionar y protegernos.

Asimismo, la amígdala involucra al hipotálamo, la zona del cerebro responsable de regular las funciones básicas como el dolor, el sueño y el hambre. El hipotálamo también controla el estrés, pues estimula la glándula hipófisis, situada en la base del cráneo, para que incite a las glándulas suprarrenales, localizadas encima de los riñones, a segregar adrenalina, cortisol y demás hormonas encargadas de responder ante las amenazas y las situaciones agobiantes. Además de estas hormonas, contamos con las sustancias neurotransmisoras, como la dopamina y serotonina, que estimulan la comunicación entre las neuronas y producen sensaciones placenteras y sentimientos de dicha.

De esta forma, las palabras, sean en voz alta o en privado, están íntimamente conectadas con los centros cerebrales que regulan nuestro estado emocional y nuestras reacciones y conductas ante situaciones tanto placenteras como amenazantes.

En definitiva, aunque en un principio se pensaba que las neuronas del lenguaje estaban limitadas a dos áreas del cerebro, hoy sabemos que, en efecto, están íntimamente conectadas con las neuronas encargadas de razonar, de regular las emociones y de otras muchas funciones vitales. A fin de cuentas, el lenguaje se fragua en el cerebro, donde se enciende la luz de la conciencia, surgen los sentimientos y se crean las ideas, se dirigen nuestros comportamientos y se almacenan las cosas que aprendemos y las experiencias que forjan nuestra identidad. De hecho, el lenguaje forma una parte esencial del centro de mando que dirige el destino del ser humano.

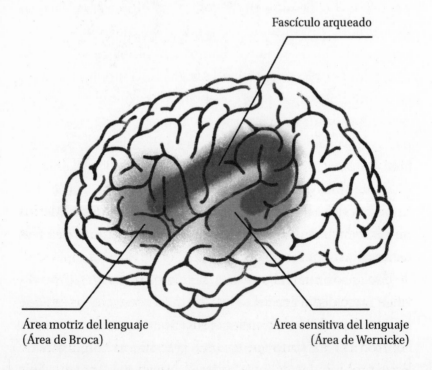

Fascículo arqueado

Área motriz del lenguaje
(Área de Broca)

Área sensitiva del lenguaje
(Área de Wernicke)

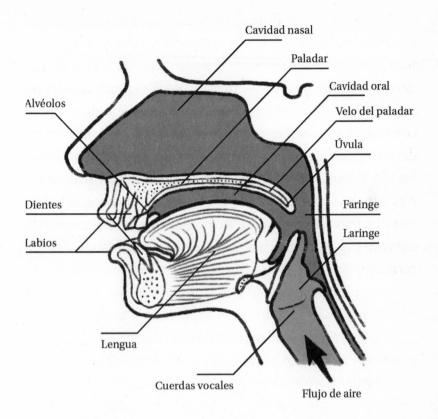

Cavidad nasal
Paladar
Cavidad oral
Velo del paladar
Úvula
Alvéolos
Dientes
Faringe
Labios
Laringe
Lengua
Cuerdas vocales
Flujo de aire

## ORIGEN DEL LENGUAJE

El origen del habla humana es uno de los grandes misterios que la ciencia aún no ha logrado desentrañar. Las diversas teorías que tratan de explicar cómo surgió nuestra capacidad de hablar son tan imaginativas como polémicas: ¿milagro divino?, ¿accidente genético?, ¿fruto de la evolución natural de nuestra especie? En el siglo XIX las especulaciones y trifulcas llegaron a tal extremo que en 1866 la Sociedad Lingüística de París prohibió los debates sobre el origen del lenguaje. Seis años después, la Sociedad Filológica de Londres hizo lo mismo. La prohibición fue respetada en el mundo occidental hasta mediados del siglo xx, cuando se produjo una avalancha de artículos y libros sobre el misterioso fenómeno. Aunque el conocimiento sobre los inicios del lenguaje sigue siendo especulativo, la teoría más aceptada es la que considera nuestra capacidad de hablar un producto de la evolución por selección natural del ser humano. Según esta teoría, formulada por Charles Darwin en 1859, todas las especies, incluyendo la nuestra, van haciéndose cada vez más avanzadas porque los genes seleccionan y fortifican de forma natural las cualidades más útiles para la supervivencia y desechan las inservibles.

Gracias a la evolución del cerebro humano, hace varios millones de años la mente de nuestros ancestros se había desarrollado ya lo suficiente como para observarse y ser conscientes de sí mismos como seres individuales. Fue entonces cuando inventaron el lenguaje. Probablemente su primera palabra fue «yo», seguida del resto de pronombres personales para representar a los demás, y de los pronombres posesivos, empezando por «mío» y «nuestro», para declarar lo que les pertenecía. En su obra *El origen del hombre* (1871), Darwin sostenía que los seres humanos poseemos una tendencia instintiva a hablar. «La disposición natural a hablar es algo que ya podemos observar en niños pequeños [...] mientras que ningún niño muestra una tendencia instintiva a fabricar cerveza, a hacer pan o a escribir», explicaba con un deje de humor. Hoy son muchos los científicos que consideran el habla un instinto, entre estos el reconocido psicólogo Steven Pinker, quien afirma que «Las personas saben hablar de la misma forma que las arañas saben tejer sus telas [...]. Las arañas tejen sus telas porque tienen un cerebro de araña que las impulsa a tejerlas y a tejerlas bien».

Otro tanto opina Noam Chomsky al defender la naturaleza genética del lenguaje y la idea de que el habla es un instinto. Este prestigioso lingüista estadounidense se basa en el hecho de que los niños desarrollan por sí mismos la capacidad de utilizar las reglas universales de la gramática, lo que les permite hacerse entender por sus cuidadores.

Por su parte, el físico británico Stephen Hawking, luchador incansable contra las extraordinarias limitaciones de la esclerosis lateral amiotrófica que padeció desde los 20 años, declaró en 1993:

> Durante millones de años, la humanidad vivió como los animales. Entonces algo pasó que desató el poder de nuestra imaginación. Aprendimos a hablar [...]. Hablar nos permitió comunicar ideas y empezar a trabajar unidos [...]. Los más grandes logros del ser humano vienen por hablar. Y los más grandes fracasos por no hablar. ¡No tiene que ser así! Nuestras grandes esperanzas pueden llegar a ser realidad en el futuro [...] las posibilidades son ilimitadas. Todo lo que necesitamos hacer es seguir hablando.

Es razonable pensar que nuestros antepasados captaron enseguida la utilidad de las palabras a la hora de identificarse, expresar sus sentimientos, chismorrear y relacionarse con los demás, con el fin de convivir, sobrevivir y trabajar en equipo por mejorar su existencia. Pero, además, al transmitir y compartir sus conocimientos y novedades, evitaron que cada nueva generación tuviera que comenzar de cero e inventar lo que ya estaba inventado. Es del mismo modo razonable asumir que aparte de disfrutar del valor comunicativo y social del lenguaje, también practicaran el lenguaje privado en los momentos de introspección. Los diálogos consigo mismos debieron de servirles para analizarse, guiarse y animarse en la intimidad, ante los retos diarios.

Hoy sabemos que la capacidad de hablar es una habilidad natural programada en nuestros genes, que se localiza y regula en el cerebro. Brota espontáneamente, sin esfuerzo, y la desarrollamos gracias a los estímulos vocales que percibimos de las personas del entorno durante la infancia, sin que seamos conscientes de los mecanismos que la forman o tengamos que aprenderla como aprendemos a leer, escribir o dibujar. Para hacer realidad esta maravillosa capacidad innata es necesario que nos expongamos al lenguaje hablado durante los primeros cinco años; de lo contrario, lo más probable es que nunca logremos hablar con completa fluidez.

## La Torre de Babel

La misma fuerza vital que alimenta la diversidad de tradiciones y culturas que coexisten en el mundo dio lugar también al multilingüismo. Cuando tratamos de explicar cómo nuestros antepasados eligieron sus propios sonidos y palabras para representar las cosas que les rodeaban o expresar y comunicar ideas y sentimientos, la teoría más aceptada sugiere que esta elección estuvo influenciada por las particularidades geográficas, sociales y culturales de la región donde habitaban.

La definición de «lengua» es tema de intenso debate. Algunos se apoyan en factores puramente lingüísticos, centrándose en las diferencias léxicas y gramaticales. Otros citan factores sociales, culturales, históricos o políticos. A menudo son los propios usuarios quienes deciden los elementos que determinan que un idioma en particular sea suyo en exclusiva. A través de la historia, las fuerzas sociopolíticas han jugado un papel muy influyente a la hora de calificar una lengua como tal. Por otro lado, los criterios para identificar de un modo oficial lenguas también incluyen factores no lingüísticos. Por ello, dos lenguas parecidas pueden considerarse diferentes si tienen identidades étnicas o socioculturales distintas bien establecidas. Hay lenguas que se diferencian en algunas construcciones, sonidos o matices relacionados con las características de la región geográfica, el grupo social o la época histórica en particular. Estas variedades divergentes se suelen calificar como «dialectos». A menudo resulta difícil definir las diferentes palabras o las normas gramaticales que separan lenguas y dialectos, sobre todo cuando son mutuamente inteligibles y se hablan en el mismo territorio o país. Para complicar aún más el problema, no todos los académicos comparten los mismos criterios a la hora de distinguir un idioma de un dialecto. Con frecuencia la diferenciación responde más a una necesidad de identidad étnica, social o política que lingüística. Para muchos, el término «dialecto» es peyorativo porque sugiere una lengua secundaria, deficiente o inadecuada.

Sea como fuere, no cabe duda de que existe una impresionante variedad de idiomas, dialectos y lenguas indígenas en nuestro planeta que reflejan una fascinante pluralidad de culturas y etnias. Según la base de datos de *Ethnologue*, la publicación dedicada a analizar las lenguas y dialectos mundiales, en la actualidad se hablan alrededor de 7.000, contando las lenguas indígenas. Todas están en un proceso continuo de evolución, en el que influyen los avances de la tecnología de la comunicación o se imponen los cambios sociopolíticos y geográficos. Algunas aumentan sus niveles de uso y vitalidad, otras se mantienen y no faltan las que pierden usuarios y se encuentran al borde de la extinción. Curiosamente, esta formidable variedad de lenguas contrasta con el número hasta cierto punto bajo de países que las albergan, en la actualidad 194, según cifras de las Naciones Unidas. Pero, además, las lenguas no están distribuidas en proporción a la población de los países. Por ejemplo, en Papúa Nueva Guinea, con 4,1 millones de habitantes, conviven 841 lenguas (710 indígenas), mientras que, en México, para 130 millones de habitantes se han identificado 292 lenguas, de las cuales unas 80 son indígenas. Sin embargo, en Japón, que tiene casi la misma población de México, se hablan solamente 19 lenguas y dialectos. La enorme diversidad de lenguas tampoco alcanza a más de la mitad de los habitantes del mundo, porque se comunican en solo 10 idiomas: chino, inglés, español, hindi, árabe, bengalí, ruso, portugués, japonés y francés.

El auge progresivo de la migración ha impulsado el multilingüismo en el mundo. De hecho, para muchos grupos inmigrantes, mantener su lengua materna supone una parte importante de su identidad y orgullo, además de ser un instrumento para sentir y expresar su riqueza cultural. Buena muestra de ello son los inmigrantes latinos que en la actualidad forman la minoría más numerosa de Estados Unidos, unos 58 millones de personas. Provienen de todos los pueblos de Latinoamérica y España y representan a todas las razas, profesiones, clases sociales, creencias religiosas y orientaciones políticas. Sin embargo, nada define o une más a la población latina que el uso del idioma español. Cifras oficiales apuntan que el 40 por ciento de la tercera generación de estos inmigrantes continúa utilizándolo como primera lengua. La gran mayoría habla español en casa y en sus actividades de ocio. En el trabajo conversan en inglés, pero recurrir a la lengua madre entre hispanos es siempre un gesto de fraternidad, de aproximación, de confianza. Se considera también una buena táctica para templar una negociación acalorada, una invitación a encontrar una solución pacífica.

Pese a la evidente riqueza cultural que representa la diversidad de lenguas, la actitud de muchos líderes sociales e intelectuales hacia esta variedad ha sido durante siglos de rechazo e intolerancia. Quizá la fábula más antigua y popular que refleja esta opinión negativa sea la que identifica la confusión de lenguas —sinónimo de multilingüismo— como el castigo divino impuesto a la soberbia humana que alentó la construcción de la Torre de Babel. Relata el Génesis que al principio todos los habitantes de la tierra hablaban la misma lengua. Pero un día, una tribu de hombres y mujeres asentados en el valle de Shinar comenzó a construir una torre para que llegara hasta el cielo. Dios, al percatarse del desafiante proyecto, se dijo: «Si un pueblo con una misma lengua es capaz de lograr esto, nada que se proponga estará fuera de su alcance [...] confundiré su lengua de forma que no se entiendan entre ellos». Según el relato, el drástico castigo divino dio lugar a un enorme caos seguido de una tremenda espantada de los habitantes de Shinar. Esta y otras leyendas funestas sobre la diversidad de lenguas han hecho proliferar las actitudes negativas hacia el impacto del multilingüismo en las personas. De hecho, hasta mediados del siglo pasado sobraban psicólogos que consideraban que hablar más de una lengua perjudicaba la estabilidad emocional y la capacidad intelectual de la persona. Tales juicios solían basarse en que hablar en más de una lengua implica necesariamente problemas de identidad y conflictos mentales.

De esta forma, numerosos psicólogos y lingüistas de principios del siglo xx hacían referencia a la «dualidad de sentimientos» y al «relativismo mercenario» de personas bilingües que cambian de principios y valores cuando cambian de idioma. A menudo se afirmaba que los bilingües «tienen demasiado en la cabeza», son víctimas de una división interna y, en su lucha por convertirse en «uno», sufren deterioro intelectual y moral. Incluso se llegó a pensar que el bilingüismo es un factor que predispone a la esquizofrenia y el retraso mental. El movimiento que impulsó una visión más benigna o incluso positiva del bilingüismo coincidió con su aceptación en el terreno sociopolítico, a mediados del siglo xx. Así, en 1946, los estados que crearon la Organización de las Naciones Unidas tomaron medidas para asegurar la comunicación clara en los asuntos de importancia mundial dentro de la organización a través de las diferentes lenguas. En la actualidad, todos los discursos de los delegados se traducen o interpretan simultáneamente en los seis idiomas oficiales: árabe, chino, español, francés, inglés y ruso. Al promover la tolerancia lingüística —no solo en los actos oficiales, sino también en las salas de reuniones y en los pasillos de sus sedes—, la ONU garantiza una mayor participación de todos los estados.

En el mismo sentido, desde su creación en los años cincuenta, la Unión Europea también ha valorado la pluralidad de culturas y lenguas, pues considera que aceptar el multilingüismo es fundamental para el éxito del sistema democrático y para asegurar que las instituciones europeas sean transparentes y accesibles a todos los ciudadanos de la Unión. En la actualidad se utilizan en el Parlamento Europeo nada menos que 24 lenguas oficiales. Todos los diputados tienen derecho a expresarse en la lengua oficial de su elección y todos los documentos parlamentarios se publican en todas las lenguas oficiales. Para afrontar este desafío lingüístico, el Parlamento ha creado excelentes servicios de interpretación, traducción y verificación.

Coincidiendo con esta aceptación del multilingüismo a nivel político internacional, psicólogos y lingüistas comenzaron a estudiar los efectos del bilingüismo en niños y adultos, con independencia de otras variables estresantes como la migración y la marginación social. De esta forma, las numerosas investigaciones realizadas en las últimas cuatro décadas revelan que hablar dos o más idiomas estimula las habilidades intelectuales, y ayuda a las personas a ser más flexibles y creativas en la formación de conceptos. Por ejemplo, los niños bilingües suelen tener mejor memoria para operaciones mentales que los monolingües, y los adultos bilingües sufren menos deterioro en sus capacidades mentales al envejecer. Incluso entre los enfermos que padecen demencia de Alzheimer, aquellos que practican dos lenguas a diario muestran los síntomas de la enfermedad varios años más tarde. De hecho, cada día existen más pruebas sobre los efectos beneficiosos de hablar regularmente dos o más lenguas.

## Lenguaje social

Desde la más temprana infancia somos conscientes de que hablar es una actividad indispensable para subsistir en el día a día. Jean Piaget, el gran psicólogo suizo, denominó «lenguaje social» al que utilizamos desde pequeños para «identificar objetos, describir situaciones, informar y expresar deseos y sentimientos». Precisamente esta función social o comunicativa de la lengua es la mejor conocida y la más estudiada, pues a través de ella nos identificamos, somos reconocidos y comprendidos. El lenguaje social es además fundamental para conectarnos con el mundo que nos rodea, pues nos permite compartir información, explicar ideas y describir sucesos. Gracias a nuestra capacidad para conversar podemos también hacernos partícipes mutuos de nuestras alegrías y penas, infundir o recibir consuelo y disfrutar de la convivencia. Hablar con otros nos ayuda a forjar vínculos afectivos gratificantes que contribuyen de un modo significativo a nuestra satisfacción con la vida. Conversar con seres queridos, amistades o personas con las que compartimos valores o temas de interés figura entre las actividades más populares para disfrutar y mantener un estado de ánimo positivo, como demostró con sus investigaciones el psicólogo y economista Daniel Kahneman. Promotor de la *psicología hedonista*, dedicada al estudio de los factores que contribuyen a las experiencias agradables de la vida, este experto recibió en 2002 el Premio Nobel de Economía como reconocimiento a sus trabajos sobre los valores positivos de conversar y por «integrar elementos de la investigación psicológica en la ciencia económica».

Las personas que cultivan y practican el lenguaje social superan mejor los sentimientos de inseguridad y se adaptan mejor a los cambios. Para empezar, al expresar y compartir las vivencias estresantes con palabras sencillas las hacen más llevaderas. Quienes se sienten parte de un grupo protegen su estado de ánimo y bienestar mejor que los que carecen de una red social de soporte emocional. Por eso, invertir tiempo y esfuerzo en formar ese *capital social* que constituye la conexión con otros, la reciprocidad y la convivencia solidaria, es fuente segura de gratificación. De ahí que las personas habladoras y sociables suelan brillar por su favorable opinión de la vida. Es muy útil y saludable ser conscientes de nuestro lenguaje social. Por ejemplo, cuando convertimos el lenguaje en el vehículo del sentido del humor a través de historias cómicas, no solo disfrutamos y nos conectamos con los demás, sino que en momentos difíciles puede incluso protegernos. Siempre recuerdo los escritos del químico italiano Primo Levi, que encontró en el humor un aliado indispensable para sobrevivir en el campo de concentración nazi de Auschwitz, durante la Segunda Guerra Mundial. Levi describe a un grupo de prisioneros «animadores», que lograron conservar la vida gracias a sus dotes excepcionales para parlotear y contar chistes capaces de hacer reír incluso a los carceleros del campo. Por ello, llegó a la conclusión de que, para sobrevivir a un largo y duro cautiverio, junto a la buena salud, es casi indispensable tener un gran sentido del humor.

## TELEFONEAR

Hablar por teléfono es una de las modalidades del lenguaje social. Cuentan los historiadores que Antonio Meucci, un ingeniero italiano emigrado a Nueva York, construyó en 1854 el primer teléfono en su casa del barrio de Staten Island. Meucci intentaba comunicarse de viva voz desde su despacho, localizado en la planta baja de su vivienda, con su esposa, inmovilizada por el reumatismo en el dormitorio del segundo piso. Y lo consiguió, utilizando un largo cable electrificado en cuyos extremos había conectado una membrana vibradora. Sin embargo, no se percató de la trascendencia de su invención y tuvieron que pasar dos décadas hasta que Alexander Graham Bell patentó el gran invento. Este célebre audiólogo inglés, que estaba casado con una sordomuda y dedicado en cuerpo y alma al estudio de la sordera, había logrado comunicarse con su ayudante Thomas Watson desde habitaciones separadas en su laboratorio de Boston utilizando un sistema parecido al de Meucci. Como es fácil suponer, poder conversar a distancia por medio de señales eléctricas fue un invento de consecuencias inimaginables para la humanidad. Realmente, hoy en día es imposible concebir nuestra vida cotidiana, nuestras relaciones y el funcionamiento de la sociedad sin este prodigioso instrumento.

Apenas un siglo después de que Alexander Graham Bell se alzase como el padre del teléfono, un día de abril de 1973, un directivo de la compañía Motorola realizó públicamente la primera llamada con un teléfono sin cable, el móvil, desde una calle de Nueva York. Poco después, estos aparatos comenzaron a comercializarse y a multiplicarse por todo el mundo. A finales de la década de los años noventa, los avances tecnológicos e internet permitieron además la creación de plataformas o aplicaciones para la comunicación online a cualquier hora del día o de la noche. Hoy, las redes sociales como Facebook, YouTube, Instagram, Twitter, LinkedIn y otras muchas cuentan con más de 6.000 millones de usuarios. «Tuitear», «googlear» o «guasapear» son ejemplos de la nueva generación de verbos que definen la comunicación instantánea mediante mensajes de texto y de voz. Sin embargo, por mucho que el teléfono se haya instalado con firmeza en nuestras vidas, hablar a través de él es muy diferente a hablar en persona. De entrada, es difícil construir una relación con otra persona sin experimentar la suficiente proximidad física, ya que la conversación y los intercambios significativos incluyen no solo las palabras sino también las expresiones faciales, los gestos y el estado emocional que refleja el lenguaje corporal. Por otra parte, el uso del teléfono no es fácil para algunas personas: no es una habilidad espontánea sino algo que tienen que aprender, empezando por superar la ansiedad que les produce comunicarse sin ver en persona a su interlocutor. No obstante, también son muchos los que usan el móvil para evitar conscientemente las relaciones personales.

En todo caso, lo importante no es la tecnología sino el uso que hacemos de ella. Los beneficios evidentes de facilitar la comunicación a distancia, obtener información y mejorar nuestra capacidad de movimiento quedan en entredicho cuando el teléfono se convierte en el instrumento que nos mantiene aislados en un mundo sin comunicación cara a cara. El daño principal del uso abusivo del móvil se debe al valioso tiempo que nos roba día tras día, restándoselo a actividades socializadoras, estimulantes y creativas que son tan necesarias para la convivencia y el desarrollo emocional saludable. El teléfono móvil se ha convertido en un objeto tan omnipresente en nuestra vida que incluso abundan las reglas de etiqueta para su uso. Quizá la primera sea la que nos advierte que la persona con quien estamos físicamente debe ser nuestra prioridad absoluta: si estamos sentados a la mesa, la norma es guardar el móvil y ponerlo en silencio durante toda la comida. Y si alguien nos llama con urgencia, lo correcto es disculparnos y apartarnos un instante de la mesa para hablar. En cuanto a la salud, recordemos que su uso continuado puede disminuir nuestra capacidad de concentración y de retener información, además de aumentar el riesgo de obesidad. Por si fuera poco, emplear el móvil antes de dormir altera el sueño e interfiere con el buen descanso. Y usarlo en el dormitorio cuando estás con tu pareja puede arruinar la relación.

Sin duda, el uso universal del teléfono móvil, en cualquiera de sus formas, ha acercado a los pueblos más alejados y ha convertido al planeta en un gigantesco vecindario dinámico, fluido, diverso y rebosante de personas conectadas. Pero también es verdad que no faltan quienes tiemblan ante ciertos efectos de la globalización, como la pérdida de la identidad cultural o el dominio económico de las naciones más poderosas. A mi parecer, la inevitable globalización que fomenta la tecnología de la comunicación no está reñida con la individualidad y autonomía de las personas ni con sus valores. De hecho, son legión quienes afirman que gracias a los teléfonos móviles y a las redes sociales sus relaciones con amigos y familiares han mejorado, las oportunidades de entablar nuevas amistades se han multiplicado y el intercambio global de información ha sido enriquecedor.

## LENGUAJE PRIVADO

Además del lenguaje social, desde muy pequeños hablamos a solas con nosotros mismos, tanto en voz alta como en voz baja. Jean Piaget fue uno de los primeros investigadores que documentó que los niños hablan solos alegremente. Al observar a sus tres hijos —Lucienne, Laurent y Jacqueline—, Piaget se percató de la importancia de hablarse a uno mismo o dialogar con interlocutores imaginarios durante la infancia. Observó que los pequeños empiezan a hacer estas reflexiones o soliloquios en voz alta alrededor de los tres años y notó que «hablándose a ellos mismos los pequeños experimentan placer», por lo que catalogó este lenguaje de «egocéntrico». Con solo dos años los niños repiten palabras que han escuchado, aunque no tengan sentido para ellos ni vayan dirigidas a personas concretas, simplemente por el placer de hablar y escucharse. También mantienen alegres discursos privados en voz alta, en los que se preguntan y se contestan sin prestar atención a su entorno. No hay más que observar a niños de tres o cuatro años hablando solos mientras pintan o juegan para descubrir que sus monólogos carecen de función social. Incluso cuando están acompañados hablan por su cuenta, sin preocuparse de ser oídos o comprendidos. Por ejemplo, cuando están sentados en compañía de otros niños alrededor de una misma mesa, hablan sin escucharse entre sí y, sin inmutarse, lanzan palabras al aire alegremente. De hecho, la presencia de un interlocutor parece añadirles placer por la atención que les pueda prestar, pero no porque tengan que comunicarle algo. Y si uno les pregunta por qué hablan tanto, los pequeños suelen responder sonrientes: «¡Porque nos gusta!».

En la edad adulta, las conversaciones privadas nos ayudan a regularnos y guiarnos para perseguir objetivos, superar retos y resistir circunstancias adversas, sobre todo cuando ponen en peligro nuestra estabilidad emocional o nuestra seguridad. Como describiré más adelante al tratar de las funciones ejecutivas, está de sobra demostrado que hablarse a uno mismo es una estrategia de probada eficacia para gestionar nuestra vida. Esta forma de autoguía nos ayuda a controlarnos, a enfocar nuestra atención, a concentrarnos en los pasos que debemos dar y a mantener la fuerza de voluntad y la confianza necesarias para conseguir las metas que nos proponemos.

Pese al innegable efecto beneficioso para el desarrollo de los niños que suponen sus parloteos consigo mismos, desde que ponen los pies en la guardería o en el colegio, cuidadores y maestros les llaman la atención cada vez que los ven hablando solos. Y una vez adultos, la mayoría practicamos los monólogos privados con discreción, pues en nuestra cultura hablar a solas está estigmatizado con la marca de la rareza o incluso de la enajenación. No se puede olvidar que quienes sufren trastornos del pensamiento y oyen voces —alucinaciones auditivas—, a menudo pierden contacto con la realidad y se sumergen en conversaciones intensas en voz alta con personajes invisibles para los demás. Aunque en los últimos veinte años, gracias a la ubicuidad de los teléfonos móviles, se han hecho más naturales y aceptables las imágenes de personas conversando en voz alta con interlocutores invisibles.

Además, el lenguaje privado puede ser muy eficaz a la hora de meditar y conseguir, mediante reflexiones internas —o incluso oraciones, en el caso de personas religiosas—, estados saludables de relajación, tranquilidad y paz mental.

Está comprobado que esos estados anímicos de serenidad van acompañados de una disminución del metabolismo y de la presión arterial, a la vez que la respiración se hace más sosegada y regular. Y esto no es todo, pues hay situaciones límite en las que la misma supervivencia de los participantes va a depender de su capacidad para mantener vivas las conversaciones con ellos mismos.

En efecto, pocas situaciones ponen más a prueba el equilibrio vital y el instinto de supervivencia como el confinamiento solitario. Cumplir condena en cárceles ya es duro para cualquiera, pero la reclusión forzosa en solitario es una experiencia especialmente devastadora a largo plazo. En las cárceles de muchos países, miles de reclusos son sometidos al aislamiento total, sin contacto humano y casi sin estímulos, a lo largo de 23 horas al día, durante meses o incluso años. El aislamiento forzoso afecta por igual a hombres y a mujeres, provoca graves problemas físicos y mentales y predispone al suicidio. En el sistema penitenciario de Estados Unidos, el 63 por ciento de los suicidios son cometidos por reclusos en aislamiento involuntario.

Los soliloquios son los únicos salvavidas de estos presos en su lucha contra la furia, el odio, el pánico, la desesperación y las ideas destructivas que los abruman. En 2012 la organización internacional Human Rights Watch publicó entrevistas con 125 presos jóvenes estadounidenses que estuvieron recluidos en celdas de aislamiento durante un mínimo de seis meses. La mayoría aludía a la ayuda que les proporcionaban las conversaciones con ellos mismos.

Por ejemplo, Kyle B. explicaba: «Vivir en aislamiento es como estar en una isla completamente solo, muriendo lentamente desde adentro [...]. Me despierto hablando con las paredes, lo que pronto se convierte en el único hábito reconfortante». Según la joven Alyssa E., «... puede sonar extraño, pero tenía un amigo en la celda con quien hablaba en voz alta, no era real, estaba en mi mente [...] él me contaba cosas positivas que me ayudaban a vivir». Carter P. declaraba: «Durante el aislamiento pierdes contacto con la realidad y te obsesionas durante horas sobre la posibilidad de matarte, matar a otras personas o ambas cosas [...]. Es aplastante [...]. Para sobrevivir creaba mi mundo, pequeños personajes con las manos que actuaban y conversaban entre sí en su propio idioma que solamente yo comprendía. [...] Los carceleros me observaban por la mirilla como si estuviera loco [...] no entendían nada».

Al margen del estigma que pueda suponer el hablar solos, la realidad es que desde pequeños la persona con la que pasamos más tiempo y la que ejerce más influencia en nosotros es uno mismo. Tiene sentido, pues, estudiar a fondo este lenguaje privado y aprender a hablarnos de la forma más constructiva y saludable posible.

En el capítulo que sigue profundizo en el hecho de que, si bien en el equipaje genético que traemos al mundo portamos las semillas de los rasgos de nuestro temperamento, el ambiente familiar y escolar en el que crecemos, las experiencias que vivimos, las normas sociales y las costumbres culturales juegan un papel sustancial en la configuración de nuestra personalidad más o menos habladora y en los temas de conversación y las palabras que elegimos.

# 4

## Nacemos y nos hacemos habladores

> No deja de sorprenderme cómo puede ser que, viviendo bajo el mismo cielo y estando igualmente educados, tengamos personalidades tan diferentes.
>
> Teofrasto de Lesbos, 371 a. C.

Como ya hemos visto, hablar es una actividad natural que traemos programada en nuestro equipaje genético y desarrollamos gracias a los estímulos sonoros vocales que captamos de las personas del entorno durante la infancia. Pese a su carácter instintivo, tanto nuestro lenguaje social como los soliloquios privados van a ser moldeados por las fuerzas del medio en el que crecemos y vivimos.

Los conceptos de *genotipo* y *fenotipo* nos ayudan a explicar las diversas maneras de ser y de hablar. El genotipo es el conjunto de genes que heredamos de nuestro padre y de nuestra madre, compuestos del ADN o ácido desoxirribonucleico, que forman las semillas de nuestro ser. En cambio, el fenotipo es la expresión de nuestro genotipo una vez que estas semillas han crecido influenciadas por las experiencias que vivimos y el impacto del entorno familiar, social y cultural en que crecemos y aprendemos, así como por nuestro estilo de vida y los efectos del paso del tiempo.

Como bien dice el biólogo Edward O. Wilson: «Para poder comprender la naturaleza humana no tenemos más remedio que tener en cuenta los genes y la sociedad. Pero no por separado [...] sino juntos».

## Voces ya en el útero materno

Tres meses antes de nacer, las neuronas que regulan el lenguaje, localizadas en las áreas de Wernicke y Broca de la mitad izquierda del cerebro del feto, son ya sensibles a la voz de la madre. De hecho, la melodía del habla materna se transmite por el cuerpo materno y el bebé la capta desde el útero. Esto ha sido comprobado en estudios muy ingeniosos, en los que mujeres embarazadas cantan o leen cuentos en voz alta en el último trimestre de gestación. Después de nacer, sus bebés reaccionan con balbuceos y gestos de excitación al escuchar las mismas canciones que sus madres entonaban, o los cuentos que leían durante los últimos meses del embarazo, cuando todavía habitaban en el regazo materno. Un original experimento colocó en la boca de recién nacidos una tetilla de goma con un sensor conectado a una grabadora, de forma que cada vez que los bebés succionaban se registraba en una impresora. Los investigadores observaron de esta forma que los pequeños chupan con vigor cuando escuchan la voz de su madre, mientras que dejan de succionar cuando la voz es de otra persona. La inferencia de tal conducta es que los bebés reconocen y se deleitan al oír la voz familiar de su madre. Más específico sobre el influjo de la lengua materna desde la edad más temprana fue el resultado del experimento llevado a cabo por Jacques Mehler y Peter Jusczyk. Estos psicólogos lingüistas demostraron que los bebés franceses de cuatro días de edad chupan el biberón con más intensidad —signo de interés y satisfacción— cuando escuchan palabras en francés que cuando las palabras son pronunciadas en otro idioma. Está comprobado que, en todas las culturas, durante los primeros seis meses, los bebés muestran una clara preferencia por los sonidos o fonemas de su lengua materna.

La tendencia natural a expresar emociones, conectarnos y crear lazos de unión con otras personas también comienza a desarrollarse a los pocos días de nacer. Como afirma el pediatra y escritor Daniel Siegel en *El desarrollo del pensamiento*: «Las conexiones con otras personas tejen la red de neuronas de la que brota la mente». ¿Quién no ha observado a un bebé balbucear de gozo y sonreír cuando ha terminado de mamar? La expresión de la criatura satisfecha tiene un impacto enternecedor en los presentes y provoca respuestas cariñosas que, a su vez, repercuten positivamente en el bebé. Cuando un bebé balbucea de placer en los brazos de su madre, ambos se conectan emocionalmente. Aunque nuestro equipaje genético contiene el programa básico del habla, para poder desarrollar un lenguaje eficaz los bebés tienen que escuchar y asimilar los sonidos específicos de la lengua que se habla en su entorno. Los tonos de las palabras que las criaturas oyen moldean su lenguaje. No olvidemos que cada una de las casi siete mil lenguas y dialectos que se hablan en el mundo utiliza sus propios sonidos y entonaciones para crear su propio vocabulario. De forma que, si los niños no se exponen al lengua-

je durante los primeros años de vida, tendrán gran dificultad
para expresarse con claridad de mayores.


## AÑOS DECISIVOS

Las palabras habladas son un alimento vital para la materia
gris del cerebro infantil, que en los cinco primeros años se
triplica de tamaño y de peso. Esos años constituyen el perío-
do crítico para aprender a hablar correctamente. A lo largo
de los siglos se han multiplicado las leyendas sobre las conse-
cuencias de criarse en un mundo sin palabras. Abundan los
mitos de niños abandonados, criados por animales salvajes.
Quién no conoce la fábula de Rómulo y Remo, los hermanos
mellizos fundadores de la antigua Roma, amamantados por
una loba; o el popular personaje de Mowgli, el niño protegi-
do por una manada de lobos que protagoniza *El libro de la
selva*, publicado en 1894 por Rudyard Kipling; sin olvidar al
celebérrimo Tarzán, criado por monos en las novelas de Ed-
gar Rice Burroughs. Pese a lo atractivos y entrañables que
resultan todos estos personajes, yo me sumo a los escépticos
que no confían en la veracidad de estos relatos selváticos.
Desafortunadamente, sí son ciertos los casos de niños y niñas
que crecen sin estímulo lingüístico alguno, por haber sido
recluidos en solitario desde su nacimiento, en desvanes o re-
cintos ocultos, por sus propios padres. Dado que el cerebro
humano no puede producir palabras ni aplicarles la sintaxis
si carece de estímulos sonoros, las criaturas confinadas en si-
lencio durante los primeros años tienen enormes dificultades
para desarrollar el lenguaje. Algunos consiguen hablar con

ayuda y un gran esfuerzo en memorizar las palabras y aprender las reglas gramaticales, pero nunca con la pronunciación nativa y fluida de quienes adquieren la lengua de pequeños.

La necesidad de oír y practicar el lenguaje durante el período crítico de la infancia se hace igualmente evidente en niños sordos de nacimiento. Los que crecen con padres o cuidadores que oyen, el caso más frecuente, si no se exponen al lenguaje de signos durante su infancia tendrán dificultades para comunicarse de mayores. El problema es que, una vez pasado el período crítico de la niñez, se verán obligados a aprender el lenguaje de signos como los adultos que aprenden una segunda lengua extranjera, por lo que su fluidez será limitada. Sin embargo, si estos pequeños sordos de nacimiento crecen con padres que emplean el lenguaje de signos, a los pocos meses también balbucean con sus manos, como las criaturas que oyen, y aprenden este lenguaje y se comunican perfectamente.

En condiciones normales, durante los cinco años que forman el período crítico, la mayoría de los niños pasa por una serie de etapas en su camino hacia el dominio del lenguaje. Estas fases coinciden con la maduración del cerebro. Pediatras, psicólogos y demás profesionales del desarrollo infantil emplean las etapas de la evolución del lenguaje como baremo para determinar si el niño o la niña avanza con normalidad en la adquisición del habla, o si necesita ayuda. De esta forma se observa que los bebés captan el sonido del habla desde el primer día y en los primeros tres meses balbucean o lloriquean para expresar sus necesidades básicas de alimento, confort o estímulo a las personas de su alrededor. A los seis o siete meses las criaturas gorjean contentas cuando están solas, vocalizan sílabas como «ba-ba-ba», «ta-ta-ta», «pa-pa-pa», con el fin de atraer la atención de sus cuidadores, y emiten satisfechas el sonido labial «ma ma», derivado del acto de mamar, que suele ir unido al deseo de ver a su madre. También lloran de modo especial según la necesidad que tengan en ese momento, y sonríen cuando ven a personas que reconocen. Cumplido el primer año, los pequeños reaccionan con sonidos bucales al ver los rostros de sus padres o cuidadores, y discriminan entre las expresiones alegres y tristes de quienes les rodean. A menudo emiten sílabas por el placer que les causa hacerlo y no necesariamente porque quieran comunicar algo concreto. También imitan los diferentes sonidos del habla que escuchan, y articulan algunas palabras para referirse a personas que viven en casa, a comida o a juguetes.

Al llegar a los dos años los niños son más conscientes de sí mismos y de sus propias emociones e intenciones. Ya reconocen su imagen en el espejo; al verse reaccionan con expresiones como «¡Ese soy yo!» y, mirándose, presumen de lo que pueden hacer con sus manos o sus piernas. En esta edad se produce lo que se ha llamado «la explosión del vocabulario», pues el léxico de los pequeños llega a cuadriplicarse, al aprender hasta diez palabras nuevas al día. También utilizan expresiones de hasta tres palabras para comunicarse y comienzan a aplicar la sintaxis. Usan su propio nombre y pronombres personales como «tú» y «yo». Piden cosas concretas como «Más pan», hacen preguntas como «¿Dónde está?» o «¿Tú vas?», y hablan para que los adultos les presten atención. El lenguaje sigue avanzando, y entre los tres y cuatro años los pequeños usan oraciones de más de cuatro palabras; también utilizan el tiempo pasado para explicar acontecimientos y adquieren conceptos abstractos, como la relación causa-efecto. A partir de los cinco años llegan a comprender unas tres mil palabras y disponen ya de un vocabulario muy expresivo. Se comunican con facilidad con otros niños y adultos, narran cuentos, describen lo que hacen en el colegio o en casa de sus amiguitos, y mantienen conversaciones fluidas y gramaticalmente correctas.

Como explicaré más adelante al describir las diferencias entre ellas y ellos, las niñas suelen comenzar a hablar unas semanas antes que los varones y su vocabulario suele ser algo más extenso. No obstante, con el tiempo estas diferencias van desapareciendo. También es verdad que, en muchas culturas, padres, madres y cuidadores tienden a ser más palabreros con ellas que con ellos. Para los lectores que estén interesados en más detalles sobre el desarrollo del lenguaje en la infancia, he incluido un resumen esquemático en la página 239. En definitiva, las observaciones sobre el desarrollo habitual del lenguaje hablado en los primeros cinco años o periodo crítico apoyan con solidez la teoría de que hablar es una capacidad natural, una tendencia instintiva programada en nuestros genes.

## FAMILIAS LOCUACES

Es un hecho científicamente comprobado que los niños progresan en el desarrollo del lenguaje más rápido con padres y cuidadores habladores que en entornos silenciosos; y cuantas más palabras escuchen, mejor. Oír en el día a día una amplia variedad de vocablos y expresiones no solo tiene un efecto positivo en su vocabulario, sino que además estimula su capacidad para comprender conceptos y aprender en general. Los niños inmersos en un medio familiar con adultos expresivos que les hablan y les leen en voz alta, se comunican mejor y alcanzan un rendimiento escolar superior en la adolescencia que quienes crecen en ambientes de pocas palabras. Entre estas investigaciones destacan las de Betty Hart y Todd R. Risley, de la Universidad de Kansas. Gracias a la participación de 42 familias de diferentes niveles socioeconómicos con pequeños de entre siete y doce meses, a quienes se colocó un dispositivo para grabar sus balbuceos, las palabras de los adultos que les rodeaban y las conversaciones entre ellos, estos investigadores lograron demostrar que los niños de familias habladoras no solo acumulan un vocabulario más rico, sino que también logran mejor aprovechamiento escolar en la adolescencia y llegan a niveles educativos más altos que aquellos que crecen en familias parcas en palabras. Los resultados de este mismo estudio también revelaron una relación entre el nivel socioeconómico de las familias y el número de palabras que los pequeños escuchaban. Concretamente, mientras en las familias de bajo nivel socioeconómico se verbalizaban unas 650 palabras a la hora por término medio, en las de alto nivel llegaban a emitirse hasta 2.100 palabras, lo que se traducía en varios millones de palabras más al año. Es razonable suponer que a los padres que viven en condiciones de pobreza e inseguridad les sea difícil reunir la paciencia, la disposición y el buen humor necesarios para involucrarse en conversaciones relajadas con niños pequeños, probablemente insistentes y quejumbrosos, que están aprendiendo a hablar.

Los efectos positivos de hablar a los niños no se limitan a

la cantidad de palabras que los pequeños escuchan, sino también a la calidad de las expresiones y estructuras gramaticales de las frases que pronuncian los adultos con quienes conviven. Además, durante estos años de construcción del lenguaje es importante que en las conversaciones haya un mayor número de comentarios estimulantes y afirmativos que de críticas o prohibiciones. De esta forma, a los seis y siete años la mayoría de las explicaciones que elaboran los niños sobre lo que les pasa a ellos o lo que ven a su alrededor están basadas en las respuestas que obtienen de los adultos a sus incontables y persistentes porqués. Los que reciben interpretaciones detalladas, sugestivas o fantasiosas de los sucesos que les llaman la atención tienden a hacer suyos esos mismos estilos de interpretar las cosas. Al mismo tiempo, los juicios que los padres y educadores emiten sobre la conducta de los pequeños moldean su talante. Por ejemplo, razonamientos positivos de sus logros —«Te han salido bien los deberes porque eres una niña estudiosa y responsable»— o comprensivos de sus fracasos —«No te han salido los deberes tan bien como te gustaría porque hoy estás preocupada con la enfermedad de tu amiguita»— fomentan en ellos la confianza. Como cabe suponer, un entorno familiar cordial y estimulante nutre la espontaneidad de las criaturas y facilita su expresividad, mientras que un ambiente lacónico, intolerante o indiferente fomenta una disposición más reservada y temerosa.

Del mismo modo, el ambiente de lectura en el hogar se asocia de manera positiva con la activación de las neuronas que dirigen el lenguaje semántico. Por eso, leer en voz alta a los pequeños no solo mejora su lenguaje, también facilita la comprensión de conceptos y la identificación de las emociones. Aun más, recientemente se ha comprobado que los cerebros de niños preescolares que escuchan con regularidad historias y lecturas en el hogar muestran la activación de las áreas cerebrales que estimulan la imaginación.

Un ejemplo de programa de lectura infantil de gran éxito en Estados Unidos es *Reach Out and Read*, que consiste en leer individualmente a niños desde los seis meses mientras esperan su turno para ver al pediatra en los ambulatorios. Estas lecturas individuales promueven la alfabetización y la capacidad de utilizar palabras para construir y comunicar ideas y sentimientos. Impulsados por el éxito de este programa, se han creado diversos proyectos de vídeo interactivo en los que los padres son grabados mientras leen con sus hijos y a continuación reciben sugerencias sobre cómo pueden ampliar y mejorar su comunicación con ellos.

Y no olvidemos que, en nuestra cultura, la mayoría de los niños son actores sociales. El primer día de guardería o de colegio unos observan y callan en tanto que otros preguntan y dicen lo que piensan. Estos comportamientos provocan una respuesta por parte de las personas del entorno; respuesta que a su vez puede alimentar los sentimientos de confianza o de duda en los pequeños. Por lo general, los niños expresivos tienen más probabilidades de ser correspondidos con muestras de cordialidad que los reservados o tímidos. Esto es importante porque las actitudes positivas de los adultos hacia los pequeños durante los años del desarrollo contribuyen a su confianza y sociabilidad. En la actualidad nadie duda de la conveniencia de promover proyectos educativos que fomenten el habla y la buena comunicación en el seno de las familias y las guarderías, y que estimulen en los pequeños la habilidad para expresarse en un mundo cada día más diverso e interconectado.

ELLAS Y ELLOS

En 1906, la bióloga estadounidense Nettie Maria Stevens descubrió que el factor determinante de nuestro sexo es el par de cromosomas —partículas diminutas que contienen los genes compuestos de ADN— bautizados por el parecido de sus siluetas con las letras X e Y. Los hombres portan la pareja XY y las mujeres la XX. A las seis semanas de la concepción, en el útero materno los embriones ya se exponen a una primera oleada de hormonas masculinas y femeninas. Los varones tienen niveles superiores de andrógenos, en particular de testosterona, y las hembras de estrógenos. La segunda tormenta hormonal ocurre en la pubertad y da lugar a la aparición de los rasgos externos que distinguen a cada sexo. Por ejemplo, en los varones la testosterona modela la laringe para que emita la voz grave. Estas hormonas constituyen el caldo en el que se cuece nuestra identidad sexual. Al nacer, el cerebro femenino contiene un mayor número de áreas relacionadas con el lenguaje. Esta diferencia puede explicar la mayor fluidez verbal de las niñas en los primeros años de vida. Estudios comparativos en los idiomas más hablados demuestran que las niñas entienden lo que les dices antes que los niños y comienzan a hablar unas seis semanas antes. A los 16 meses, ellas producen unas 100 palabras de promedio mientras que ellos se quedan en 30. Sin embargo, esta diferencia se va reduciendo poco a poco y a los cuatro años ambos suelen utilizar un vocabulario de aproximadamente 600 palabras. Una vez en la escuela, a las niñas les suele ir mejor en las pruebas de fluidez verbal y memoria. En general, las chicas hablan más y más rápido; de hecho, ellas producen casi el doble de palabras por minuto que ellos.

En el desarrollo del lenguaje durante la infancia y adolescencia, además del sexo biológico tenemos que tener en cuenta la influencia de las normas y los estereotipos, ese conjunto de creencias que la sociedad impone a cada sexo y con las que se justifican tratamientos diferentes. Es evidente que los cambios derivados de las innovaciones psicológicas, sociales y tecnológicas, e impulsados por la liberación y el progreso socioeconómico de la mujer, han transformado radicalmente el panorama de los papeles masculino y femenino. Muchas de las cualidades que hasta hace poco se consideraban exclusivas de un solo género hoy son compartidas por ambos o, incluso, se han intercambiado. Con todo, todavía son evidentes numerosas diferencias. Por ejemplo, sabemos que los progenitores contribuyen a la mayor locuacidad de las pequeñas. En general, madres y padres hablan más a las hijas que a los hijos en los primeros cuatro años. Varios estudios señalan que, en las sociedades occidentales, las madres hablan sobre las experiencias emocionales más con las hijas que con los hijos, y a medida que crecen, las niñas hablan más sobre sentimientos que los niños. Asimismo, tanto las madres como los padres hablan con más frecuencia sobre temas tristes con las hijas. En contraste, las conversaciones sobre sentimientos de ira son más extensas con los hijos que con las hijas. Otros estudios también demuestran que en general las niñas comienzan a hablar sobre las emociones antes que los niños. Estas diferencias probablemente son debidas a estereotipos según los cuales las niñas son más receptivas a temas emocionales que los niños. Pese a la dosis de cliché que podamos encontrar en la imagen de mujer habladora, la mayoría de los estudios comparativos sobre el número de palabras que utilizan los hombres y las mujeres revelan que, en general, ellas articulan al día entre 5.000 y 10.000 palabras más que ellos. Pero no hay que olvidar que, con independencia del sexo, la profesión que ejerzamos va a influir en el número de palabras que pronunciamos. Predicadores, políticos, vendedores, tertulianos de radio o comentaristas de televisión pueden pronunciar unas 8.000 palabras a la hora, muchas más que un programador de ordenadores, un diseñador, un pastor de ganado o un psicoanalista. La mujer es también más resistente a los trastornos del lenguaje. Está demostrado que los niños tienen el doble de probabilidades de sufrir un problema de lenguaje o lectura y el triple de tartamudear que las niñas. En la madurez, entre las víctimas de ictus, las mujeres recuperan el habla más rápido que los hombres.

## PERSONALIDAD Y LENGUAJE

Llamamos «personalidad» al conjunto de rasgos que forman nuestro temperamento o manera de ser. Se manifiesta en nuestra manera habitual de sentir, de pensar, de comportarnos, de relacionarnos y también de hablar. Como apunta la cita del principio del capítulo, el filósofo griego Teofrasto de Lesbos se preguntaba, hace ya dos milenios y medio, cómo puede ser que viviendo bajo el mismo cielo y compartiendo las mismas costumbres, las personas tengan temperamentos tan diferentes.

Hipócrates, compatriota y casi coetáneo de Teofrasto de Lesbos, sostenía que las personas revelamos nuestro temperamento dependiendo del líquido del cuerpo que predomine. Según este ilustre médico, aquellas personas que tienen exceso de sangre muestran un temperamento *sanguíneo* y son caracteres abiertos, comunicativos y sociables. Sin embargo, quienes tienen mucha bilis amarilla son malhumorados, de temperamento *irritable*, mientras que cuando prevalece la bilis negra los individuos muestran un temperamento *taciturno*, melancólico y retraído, y si abunda la flema las personas son imperturbables o de carácter *flemático*.

Los tipos de personalidad no han cambiado mucho desde aquellos lejanos tiempos, pero lo que sí ha cambiado es la atención que psicólogos y psiquiatras han prestado a su estudio y cuantificación, y el conocimiento de los factores genéticos que influyen en los rasgos del temperamento.

El desarrollo de la personalidad viene pues programado en nuestro equipaje genético. Todos los bebés muestran al nacer rasgos incipientes de su temperamento en su actividad física, en su placidez, en su curiosidad y en su reacción a los estímulos del entorno. En cualquier sala de maternidad vemos recién nacidos más bien callados y tranquilos, y otros balbuceantes, impacientes y expresivos. La influencia de los genes se hace especialmente evidente observando a parejas de mellizos idénticos o *univitelinos*. Incluso aquellos que son adoptados al nacer por padres diferentes se parecen no solo en el físico, sino también en muchos aspectos de su forma de ser, como el carácter más o menos expresivo.

Los rasgos genéticos originales del temperamento son moldeados por factores externos sobre todo durante la infancia y principios de la adolescencia. De esta forma, las consecuencias positivas o negativas que tienen los comportamientos y expresiones de los pequeños, y los comentarios que hacen los adultos que les rodean, sean elogios o reproches, ejercen un impacto en el desarrollo de su autoestima, en su forma de ser y también en su manera de hablar y expresarse. Al mismo tiempo, los niños imitan y adoptan actitudes y modos de comportarse y comunicarse que observan en las personas con las que conviven. También influyen en la configuración de los rasgos del carácter —entre ellos la locuacidad— las normas que los pequeños captan a través de los medios de comunicación o que aprenden en el entorno escolar y social en el que crecen. La personalidad se consolida entre los dieciséis y dieciocho años, y una vez afianzada es bastante estable. En el siglo xx las investigaciones se multiplicaron y el reconocido psicólogo suizo Carl Jung fue uno de los primeros en describir los tipos de personalidad, comenzando por la dimensión extroversión-introversión. Las personas extrovertidas prefieren dirigir su atención y sus palabras hacia el mundo exterior, mientras que las introvertidas anteponen y disfrutan más de su mundo interior.

El primer científico que cuantificó y comparó estadísticamente los ingredientes del temperamento y cómo se manifiestan en la forma de ser y el estilo de vida de las personas fue Hans Eysenck. En 1964, este psicólogo alemán emigrado a Londres en su juventud creó las primeras pruebas psicológicas y análisis estadísticos para medir los diferentes rasgos de la personalidad. Aunque era de orientación conductista y consideraba que los hábitos que aprendemos a lo largo de la infancia y adolescencia tienen gran importancia a la hora de formar nuestra personalidad, Eysenck defendía también la influencia de factores biológicos, en particular del sistema nervioso. En este sentido, sugirió que el cerebro regula el nivel de *excitación* y de *inhibición*. En el estado de excitación la persona está despierta, alerta, abierta a captar mensajes y predispuesta a conductas comunicativas. Por el contrario, en el estado de inhibición la persona se desconecta del entorno y se concentra en sus propios pensamientos y estímulos internos, lo que es congruente con el talante introvertido.

Hoy sabemos que la dimensión extroversión-introversión de la personalidad tiene un fuerte componente hereditario, innato, y se hace evidente en los primeros tres meses de vida. Muestra de la influencia del equipaje genético en la personalidad es el gen denominado *5-httlpr*, que regula el transporte y la absorción de la hormona serotonina por las neuronas en las áreas del cerebro conocidas como el núcleo caudado y la amígdala. La serotonina es una de las principales hormonas responsables de la producción y manifestación de las emociones. Investigaciones recientes sugieren que los niños y niñas que poseen la versión corta de este gen muestran mayor tendencia a expresar sus ideas y sentimientos, y a resultar afectados por el estado de ánimo de las personas con quienes se relacionan. Por el contrario, aquellos que portan la versión larga tienden a ser más reservados y menos influenciables por el estado emocional de sus interlocutores. En lo que se refiere al lenguaje, las personas extrovertidas prefieren el lenguaje social; son charlatanas, comunicativas y sociables. Dirigen su energía hacia afuera y tienden a estar orientadas a la acción y abiertas a nuevas oportunidades. Por el contrario, las personas introvertidas se concentran preferentemente en su mundo interior y practican más el lenguaje privado. Les gusta la reflexión y necesitan tiempo a solas porque disfrutan deliberando y analizando ideas y emociones. Prefieren los círculos cerrados de amigos y en situaciones sociales son reservadas.

Como es natural, tanto las personas extrovertidas como las introvertidas necesitan relacionarse con el mundo exterior y con el suyo interior. Nadie es del todo extrovertido o introvertido; es una cuestión de grados. Por eso, lo normal es percibir en las personas una mezcla de estos dos rasgos, aunque siempre predomine uno de ellos. Por ejemplo, un 60 por ciento de extroversión y un 40 por ciento de introversión o viceversa. Estos aspectos de la personalidad son bastante estables una vez superada la adolescencia, aunque la extroversión tiende a disminuir gradualmente a partir de los setenta años. También pueden cambiar a causa de sucesos o circunstancias impactantes o de dolencias emocionales. De hecho, podemos observar en nosotros mismos épocas de nuestra vida en las que tuvimos una mayor tendencia a la sociabilidad y otros períodos en los que predominaron el retraimiento y la reflexión. Con todo, como ya he dicho, los rasgos principales de la personalidad suelen persistir.

La combinación de la extroversión o la introversión con otros atributos temperamentales nos brinda una gran diversidad de maneras de ser. Así, las personas extrovertidas sentimentales, además de locuaces y entretenidas, suelen ser excitables, cariñosas y también impresionables, al dejarse llevar por su lado emocional; las extrovertidas y racionales tienden a expresar abiertamente sus opiniones y a explicar en detalle sus expectativas. Por su parte, los individuos introvertidos y sentimentales, además de reservados suelen ser idealistas, sacrificados y familiares, dejan hablar a los demás y pasan desapercibidos con facilidad. Y si los introvertidos son racionales, nos hallamos ante personas independientes, metódicas, amantes de las ideas y de la lógica, y atraídas por la investigación, la filosofía y las matemáticas. Cuando las personas, tanto extrovertidas como introvertidas, son afables, tienden a la solidaridad; muestran también atributos relacionados con el altruismo, como la empatía y la disposición a mantener la armonía social y a ser considerados con los demás. El grado de apertura modela también la personalidad: las personas abiertas suelen ser perspicaces, imaginativas, curiosas, tienen una amplia variedad de intereses, les gusta aprender y disfrutan de nuevas experiencias.

El factor *conciencia* moldea por igual la personalidad y se refleja en la tendencia a juzgar no solo las propias acciones, sino también las de los demás. Quienes tienen una conciencia muy acusada son disciplinados, responsables, fiables, metódicos y gozan de un buen control de sus impulsos. Del mismo modo, la estabilidad emocional también influye en la manera de ser: el neuroticismo o inestabilidad emocional se caracteriza por la hipersensibilidad y la propensión a padecer ansiedad, fobias, obsesiones, sentimientos de culpa, así como síntomas psicosomáticos. Otras dimensiones de la personalidad que configuran nuestra forma de ver la vida y el contenido de nuestro lenguaje están relacionadas con la perspectiva optimista-pesimista, cautelosa-impulsiva, confiada-suspicaz o analítica-intuitiva.

La personalidad influye a menudo en la profesión o el

trabajo que elegimos, así como en la ocupación para la que nos seleccionan los expertos en recursos humanos. Es evidente que la afabilidad y la sociabilidad son rasgos útiles en trabajos que requieren tratar, cara a cara, con clientes o grupos de personas. Quienes tienden a la acción y se crecen con los retos suelen ser buenos ejecutivos. Para otros trabajos se valoran la concentración y la capacidad analítica. Las diversas formas de ser son normales y contribuyen a la riqueza de la naturaleza humana. Solo cuando los rasgos de la personalidad obstaculizan seriamente la adaptación saludable y el bienestar pueden denotar algún tipo de neurosis o trastornos de la personalidad. De esta forma, la incontrolable efervescencia y el entusiasmo típicos de personas extrovertidas pueden en algún momento minar su capacidad de reflexión y autocontrol, e impulsarles a asumir riesgos e involucrarse en situaciones de peligro, a interferir en la paz ajena o a adquirir hábitos nocivos, como el consumo excesivo de alcohol y de ciertas drogas y sustancias pretendidamente útiles para mejorar sus relaciones sociales. Quienes son conscientes de los rasgos problemáticos de su personalidad y están dispuestos a invertir una buena dosis de motivación y esfuerzo son capaces de moldear su manera de ser. En este sentido, el florecimiento de las psicoterapias ha dado como resultado importantes avances en el conocimiento de la personalidad y la creación de técnicas terapéuticas eficaces, con el fin de modificar actitudes y conductas que perjudican el bienestar físico o psicológico de la persona.

## La edad

El paso de los años moldea poco a poco nuestra forma de hablar y los temas sobre los que hablamos. Es algo que se deja sentir progresivamente y, aunque nuestros conocimientos e incluso el vocabulario sigan ampliándose, a partir de los cincuenta años, año más año menos, al conversar notamos más dificultad para dar con la palabra concreta que buscamos y los olvidos transitorios, sobre todo de nombres propios, son cada día más frecuentes. Como consecuencia, se vuelven habituales las alusiones a aquello de «tenerlo en la punta de la lengua» que ya mencioné al principio, al describir los movimientos de las manos que nos ayudan a encontrar palabras: gestos automáticos que hacemos mientras nos señalamos la boca cuando sentimos cerca la palabra adecuada pero no terminamos de dar con ella. También somos cada vez más conscientes de la dificultad para definir con precisión temas complejos o extensos. Estos apuros no son causados por falta de conocimiento sino porque el trabajo de transformar las ideas en palabras sonoras se ralentiza. Para compensar la falta de exactitud o la mayor lentitud de expresión recurrimos a la paráfrasis, es decir, a explicar o interpretar los conceptos que verbalizamos con el fin de facilitar su comprensión a quienes nos escuchan. De esta forma, en lugar de reproducir un texto o concepto con exactitud, nos valemos de ejemplos o aclaraciones de su significado, a menudo de forma repetitiva.

La fluidez del habla y la complejidad sintáctica de las expresiones disminuyen también progresivamente en las etapas posteriores de la vida. Al mismo tiempo, aumentan las pausas y repeticiones. Como consecuencia de todo esto, las personas mayores son más lentas y menos precisas en el habla, algo que ocurre antes en los hombres que en las mujeres. Las causas principales de estos apuros para identificar palabras concretas, describir con exactitud conceptos complejos y mantener conversaciones centradas en un único tema incluyen la dificultad para mantener la atención y evitar las interferencias de información irrelevante para el tema de conversación. Con la edad disminuye también la capacidad para retener y evocar información. Sencillamente, todo lo que grabamos en la memoria se borra antes, sobre todo los detalles. Esta disminución suele comenzar en los hombres a principios de la quinta década de vida y en las mujeres una década más tarde, pero en ambos avanza poco a poco hasta hacerse evidente en las pruebas de memoria. Sin embargo, los años no afectan tanto al lenguaje para tratar temas emocionales, ya que la información con tintes sentimentales se retiene y se expresa mejor que la información emocionalmente neutra. De hecho, con la edad las emociones juegan un especial papel importante tanto en el lenguaje privado como en las conversaciones con los demás.

El paso de las décadas influye también de manera notable en los temas sobre los que hablamos, empezando por el más universal de todos: la queja de que nuestra memoria está perdiendo agilidad y no es lo eficaz que era. Esta observación se basa en datos concretos, pues, a excepción de una minoría no mayor del 2 por ciento, la agilidad de la memoria del resto de los mortales decae con el tiempo, algo que casi siempre nos molesta. En lo que se refiere a temas concretos de conversación, el deterioro físico encabeza la mayoría de los intercambios. Y es que el progresivo envejecimiento del cuerpo y de los sentidos disminuye de forma paulatina la libertad de acción, mientras que los órganos internos llaman cada día más la atención con sus averías. Por eso, las personas mayores suelen pensar e interesarse más por la salud, lo que hace que hablen con frecuencia sobre temas relacionados con enfermedades, tanto propias como de las personas cercanas. A medida que el futuro se contrae, el pasado aumenta de valor. Esto explica que sea tan habitual que las personas mayores hablen continuamente del ayer, incluyendo los aspectos positivos de la vida ya vivida y los conflictos que no se resolvieron. Los buenos recuerdos son fuente clara de conversaciones y soliloquios positivos que alimentan la convicción de que la vida merece la pena. Sin embargo, cualquier revisión crítica de un ayer irreversible puede provocar sentimientos de culpa y resentimiento.

Durante la vejez, las relaciones con otras personas son un reconstituyente muy efectivo. Por eso, formar parte de una red social estimulante o mantener conexiones afectivas con grupos de personas con las que compartimos temas de interés mutuo enlentece los efectos del envejecimiento sobre el lenguaje y fomenta la satisfacción con la vida en general. Con la edad, las actividades de ocio suelen ganar en importancia. Los efectos más estimulantes los producen aquellas actividades que requieren conversar, porque está demostrado que intervenir activamente en debates o discusiones sobre temas que propicien el razonamiento en grupo estimula y protege el lenguaje.

Para adaptarnos de un modo saludable a la metamorfosis inevitable que supone el envejecimiento, es importante contar con una dosis razonable de confianza, vigor y autodisciplina. Aprender a envejecer de manera sana también requiere vencer los prejuicios y los estereotipos adversos que existen sobre esta etapa de la vida, tanto en la sociedad como dentro de nosotros mismos. Creo firmemente que, si nos lo proponemos, todos podemos alimentar nuestra vitalidad física, mental y social, como demuestra el hecho de que cada día sean más las personas mayores que convierten el paso de los años en una experiencia de participación y de dicha.

## CULTURA: LA SAL EN LA SOPA DE LETRAS

Lo que llamamos «cultura» no es otra cosa que el conjunto de creencias, acuerdos y normas que comparten los miembros de una sociedad y transmiten de generación en generación. Los transmisores suelen ser abuelos, padres y educadores, pero también ejercen esta función los líderes sociales y los personajes populares que idealizan, personifican y comunican los valores de la época. Aunque las costumbres evolucionan con el paso del tiempo, en general tienden a ser bastante estables.

Los valores culturales moldean el lenguaje y la forma de hablar de las personas. Así, la manera de conversar entre padres e hijos está regulada por las costumbres y pautas sociales del lugar. Podemos identificar las particularidades de la cultura si observamos de qué y cómo se habla en las familias, qué asuntos suscitan interés en las reuniones sociales, de qué se puede conversar o cuáles son los temas tabúes en la sociedad. Muchas de las convenciones y expectativas que regulan las conversaciones son explícitas, otras sobrentendidas, pero todas sirven de puntos de referencia y ayudan a forjar nuestro propio estilo de expresarnos.

Es evidente que la cultura de un país también establece de un modo sutil pero eficaz cómo hablar sobre temas generales importantes y cómo se espera que las personas los traten en las diferentes circunstancias. Por ejemplo, hay temas que se consideran privados o del dominio de la intimidad; otros tienen luz verde para ser discutidos en público.

En general, desde pequeños tratamos de acomodarnos a las pautas de conversación que la sociedad considera más aceptables, aunque estas no se correspondan con nuestros sentimientos. En un experimento muy revelador llevado a cabo en la Universidad de Oxford por el psicólogo Michael Argyle, niños y niñas de entre cuatro y doce años fueron expuestos a situaciones agradables y desagradables. A continuación, cada participante eligió el semblante que mejor reflejaba su estado de ánimo entre una amplia gama de fotografías de pequeños de su edad con expresiones de alegría, tristeza, irritación, sorpresa, rechazo y temor. Los resultados revelaron que cuanta más edad, más alta era la tendencia a seleccionar fotografías que no reflejaban su verdadera disposición emocional, pero que consideraban las «correctas». Posteriormente, los participantes explicaron que el miedo a ser criticados y pasar vergüenza había impulsado su decisión.

En las sociedades individualistas como las europeas o la estadounidense, donde las necesidades, ambiciones y metas del individuo suelen tener preferencia sobre las del grupo y la diversidad se tolera bien, las personas hablan con facilidad de sí mismas y de sus valores. En estas culturas la gente suele mencionar sin reparos sus cualidades y defectos, así como sus experiencias personales. Opinar, debatir y expresar lo que uno piensa o siente es muy común y aceptado en estos entornos individualistas. Ser independiente se considera una cualidad y, una vez adulto, no está bien visto depender de los demás. Por ejemplo, en Estados Unidos se valora mucho la asertividad, la expresión de las opiniones y el sentir de uno mismo. «Exprésate» es el consejo que aparece por todas partes, sea un eslogan, una canción o el título de un libro de autoayuda. Y es que la expresividad está estrechamente asociada a conceptos positivos, como el valor, la creatividad y la confianza en uno mismo. De hecho, la libertad de expresión es una de las máximas del individuo, un derecho fundamental. Como decía George Washington hace casi dos siglos y medio: «Si se nos quita la libertad de expresión, nos quedamos mudos y silenciosos y nos pueden guiar como ovejas al matadero». En el polo opuesto, en sociedades colectivistas como Japón o la India, donde priman la homogeneidad y el sentido comunitario, expresar abiertamente lo que uno piensa o siente no es popular. El silencio disciplinado y la reflexión se valoran por encima del habla. En Japón, por ejemplo, ante situaciones polémicas se prefiere la cautela y se advierte: «El clavo que más sobresale recibe los martillazos». En las sociedades individualistas, donde las metas del individuo tienen preferencia sobre las del grupo, cuando se pide a alguien que complete la frase «Yo soy...», la mayoría expresa conceptos personales como «...profesora», «...aficionado al deporte» o «...de temperamento alegre». Por el contrario, los ciudadanos de sociedades colectivistas, en las que prima el sentido de pertenecer a una comunidad y se valora el trabajo por el bienestar del grupo, las personas tienden a describirse en términos del colectivo al que pertenecen: «...soy parte de una familia muy numerosa», «...soy miembro de la organización...».

Un fenómeno que no deja de llamarme la atención es la enorme influencia que ejercen las normas culturales en el concepto de felicidad como tema de conversación. En Estados Unidos, donde se glorifica la felicidad, los ciudadanos tienden a hablar sin reparos de su dicha y satisfacción con la vida. Incluso presumen abiertamente de la felicidad personal. Ya en 1776, en su Declaración de Independencia de la dominación inglesa, los líderes rebeldes identificaron «la búsqueda de la felicidad» como un derecho inalienable. Aún más, la ensalzan hasta el punto de que la mayoría de los creyentes que participaron en una encuesta afirmaban, hace unos años, que cuanto más feliz es la persona, más altas son las probabilidades de ganarse el cielo. Al contrario que en Estados Unidos, en España y otros países europeos no se habla comúnmente de felicidad, aunque los participantes en las encuestas se sientan muy dichosos. Esto obedece a que la dicha se considera algo personal, privado, casi un secreto. En estas sociedades es del todo aceptable, sin embargo, comentar las desdichas, tanto propias como ajenas. De hecho, la queja juega un papel fundamental en el lenguaje social del día a día. Esta costumbre contribuye a que las personas satisfechas con la vida, que son la mayoría, tiendan a pasar desapercibidas. Las raíces de esta tradición se alimentan de las tristes elucubraciones sobre la vida y la naturaleza humana que propagaron tantos filósofos de los últimos siglos. No hay que ser muy ducho en filosofía para palpar el pesimismo que rezuman las palabras de reconocidos filósofos de los siglos xix y xx como Søren Kierkegaard, Friedrich Nietzsche, José Ortega y Gasset o Jean-Paul Sartre. Según estos influyentes intelectuales, solo quienes no reflexionan sobre la vida pueden mantenerse contentos. Lo mismo ocurre con el pensamiento positivo. Mientras que la cultura estadounidense fomenta alardear sin ambages de optimismo, en la nuestra no está bien visto decir que somos optimistas. Tal rechazo obedece a que, desde hace siglos, los valores culturales equiparan la palabra «optimista» con ingenuidad e, incluso, con ignorancia. Como ejemplo, baste recordar al parisino Voltaire, quien, molesto con «la manía de algunos de empeñarse en que todo está bien cuando las cosas van realmente mal», escribió la famosa novela *Cándido o el optimismo*, en la que ridiculizó con agudeza la visión positiva del mundo.

Vivimos sumidos en un océano de palabras, aunque casi nunca somos conscientes de cómo los valores culturales moldean nuestro lenguaje diario. Y es que la influencia de la cultura es como la sal en la sopa: no la vemos, pero cambia por completo su sabor. A fin de cuentas, en lo que respecta al lenguaje hablado, nacemos y nos hacemos.


A continuación, describo los trastornos más frecuentes y significativos del lenguaje. La mayoría son transitorios y se arreglan cuando la enfermedad o lesión subyacente se cura. Independientemente de su origen, todas las alteraciones del habla suponen un reto importante para la salud física, psicológica y social de los afectados. Los casos más graves o irreversibles, sin duda, ponen a prueba la capacidad de adaptación y el equilibrio vital. En algunos casos, las consecuencias para las víctimas y sus seres queridos son devastadoras.

# 5

# Trastornos del habla

Los trastornos del lenguaje suelen ser temporales y curables. Sin embargo, algunos son crónicos y pueden llegar a convertirse en permanentes. En estos casos, el aislamiento emocional y social que sufren los enfermos, incapaces de establecer contacto verbal libre y normal con otros seres humanos, se convierte en una enorme barrera a la hora de convivir, relacionarse y mantener un nivel saludable de satisfacción con la vida en general.

## MUDEZ POR SORDERA INFANTIL

Ante todo, recordemos que para desarrollar la capacidad natural de hablar es necesario oír, comprender y practicar los sonidos de las palabras durante la infancia. Por eso, la sordera congénita o adquirida en los primeros meses de vida hace imposible que los pequeños puedan reconocer las palabras habladas y causa mudez. La gran mayoría de los bebés genéticamente sordos nacen de padres que oyen. Esto sucede porque los genes causantes de la sordera son de carácter recesivo y su influencia es neutralizada por otros genes. Los oyentes portadores de genes «sordos» pueden transmitirlos a sus descendientes y tener hijos o nietos con esta minusvalía. Ciertas malformaciones del oído también pueden provocar sordera congénita. Además, hay sorderas adquiridas en el útero materno a causa de infecciones durante el desarrollo prenatal, como otitis, meningitis, rubeola o tuberculosis. Algunos antibióticos, como la estreptomicina, y otros fármacos ototóxicos ingeridos por la madre embarazada pueden igualmente producir sordera antes de nacer, así como los traumatismos que lesionan el oído interno del bebé.

En los países occidentales, tres de cada mil bebés nacen sordos o con serios problemas de audición debidos a causas genéticas en más de la mitad de los casos. Por ello, cada vez son más las naciones —incluida España— que siguen un protocolo para identificar la falta de audición en los bebés lo antes posible. La primera prueba se realiza nada más nacer, seguida por otras a la semana, a los quince días y al mes. Hoy en día varios especialistas participan en el diagnóstico y tratamiento de la sordera infantil, para poder identificar sus causas, implementar un tratamiento en colaboración con los padres y facilitar consejo genético. Aunque en muchos lugares todavía no sea obligatorio evaluar la audición de los recién nacidos, los padres o cuidadores se percatan a menudo de que el bebé puede ser sordo porque no responde normalmente a los estímulos sonoros. Comparados con los que oyen, los bebés sordos menores de tres meses no parpadean ni se sobresaltan al producirse ruidos fuertes, y tampoco se tranquilizan con la voz de sus padres. A los seis meses no giran la cabeza en la dirección de los sonidos, ni responden con «oh» y «ah» a lo que se les dice. Al cumplir su primer año no señalan las partes del cuerpo cuando se les pide que lo hagan, no articulan «mamá» o «papá», ni responden a órdenes verbales simples, como hacen los pequeños que oyen.

Hay padres que no tienen motivo para sospechar de la sordera de sus bebés porque estos parecen comportarse y expresar sus emociones con normalidad, pero una vez pasados los dos años del período crítico para el desarrollo del lenguaje, chocan de frente con el problema ante los inevitables retrasos en la capacidad de comunicación de estas criaturas. El uso temprano de lenguas de signos en el día a día, por parte de los padres y familiares de los pequeños sordos, es la mejor manera de prevenir sus dificultades de comunicación y el retraso en la escolarización, pues favorece la estimulación mental y sensorial del niño, y ayuda a impulsar sus capacidades intelectuales, especialmente aquellas aptitudes que requieren el uso de símbolos para desarrollar el lenguaje interior, el pensamiento abstracto, el razonamiento lógico y el cálculo. Los avances en la identificación precoz de la sordera infantil han permitido el tratamiento efectivo de los casos reversibles y el uso de alta tecnología para compensar los déficits auditivos y posibles problemas del habla. Cuando la sordera congénita provoca mudez irreversible, la actuación más eficaz es establecer cuanto antes el uso diario de lenguas de signos para que estos niños y niñas aprendan desde muy pequeños a comunicarse con su entorno familiar y social, y puedan expresar imágenes, ideas y emociones. De hecho, en la actualidad se emplean numerosas lenguas gestuales en las comunidades de sordomudos, tan precisas y emotivas como las lenguas habladas.

## Afasias

Aunque no es mi intención entrar de lleno en el amplio tema de las patologías del lenguaje, es importante mencionar las pérdidas del habla, que en medicina llamamos «afasias», del griego ἀφασία o «imposibilidad de hablar». Las afasias se producen cuando se dañan las neuronas de las zonas de Wernicke o de Broca que, como ya he mencionado, están localizadas casi siempre en la mitad izquierda del cerebro y regulan la creación y la vocalización del lenguaje. Estos daños proceden de hemorragias cerebrales, que se producen súbitamente cuando un vaso sanguíneo se rompe, o de infartos cerebrales —conocidos como «embolias»—, que se dan cuando un coágulo de sangre obstruye una arteria. Estas enfermedades, llamadas también «ictus» o «accidentes cerebrovasculares», afectan al suministro de sangre al cerebro. En España, el ictus es la primera causa de afasia y de discapacidad física e intelectual grave en el adulto, y suele traducirse en dependencia; además, es la segunda causa de muerte. La afasia puede ser también resultado de traumatismos, tumores, demencias y distintas inflamaciones del cerebro. Más de 300.000 españoles presentan alguna limitación en su capacidad funcional tras haber sufrido un ictus. Actualmente, el 75 por ciento de estos accidentes cerebrovasculares se dan entre personas de más de sesenta y cinco años. Afectan con mayor frecuencia al sexo masculino, pues tanto los ictus como los traumatismos son más frecuentes en los hombres que en las mujeres.

En general se distinguen tres tipos de afasias, que corresponden a las zonas del cerebro dañadas. La *afasia sensorial* —también conocida por «afasia de Wernicke», pues esa es la zona del cerebro que se daña— provoca que los afectados pierdan la capacidad para crear palabras o transformar ideas en símbolos lingüísticos y, por lo tanto, para comunicarse y para comprender a los demás. Los afásicos sensoriales vocalizan sonidos sin sentido, por lo que resulta muy difícil entenderlos. A menudo no son conscientes del problema y culpan a sus interlocutores por no entenderles. Algunos incluso se vuelven agresivos y no colaboran con el tratamiento. La *afasia motora* o de Broca es un trastorno de la producción física o sonora del habla debido a lesiones en esta zona del cerebro, responsable de dirigir la articulación de las palabras. En estos casos el cerebro identifica las palabras, por lo que los pacientes conservan la capacidad de entender a los demás, pero no coordinan los movimientos musculares necesarios para vocalizar los sonidos, así que sus expresiones resultan incomprensibles. Saben lo que quieren decir, pero no pueden pronunciar las palabras para decirlo. Quienes padecen afasia motora generalmente tienen mayor conciencia de su condición, se angustian y se deprimen, pero suelen colaborar con el tratamiento y la rehabilitación. Por último, la *afasia global* se caracteriza por incluir síntomas de la afasia sensorial y motora. Como cabe imaginar, en casos graves el paciente es incapaz de encontrar palabras y de producir fonemas o sonidos con significado alguno. La mayoría de estos afásicos presentan además un cierto grado de deterioro intelectual debido a los efectos del daño lingüístico sobre su capacidad para pensar y comprender. Los afásicos globales sufren también alteraciones importantes de la personalidad y del estado de ánimo, como por ejemplo la irritabilidad, el aislamiento y la depresión.

El nivel de gravedad de cualquiera de los tipos de afasia depende de la extensión de la lesión cerebral, aunque también influyen otros factores, como la personalidad del paciente y el ambiente familiar y social en el que vive. Los afectados de más edad tienen el cerebro menos flexible y, por lo tanto, menos probabilidades de recuperarse. Sin embargo, tanto ellos como sus familiares suelen adaptarse a las secuelas mejor que los afásicos jóvenes. Estos tienen una gran dificultad para superar el déficit del habla y recobrar el equilibrio emocional, aunque su capacidad física de recuperación sea mayor. Además, el impacto en sus seres queridos suele ser demoledor. Es fácil comprender que perder el habla supone un golpe devastador para la autoestima y el equilibrio vital de la víctima; a menudo precipita la falta de empleo, la ruptura de relaciones importantes y el aislamiento social. Muchas personas que sufren afasia pierden el sentido de futuro, caen en una profunda depresión y dejan de tener ilusión por vivir.

## Mutismo psicológico

La mudez por causas psicológicas se manifiesta de formas diferentes. La más dramática es el mutismo provocado por *estados catatónicos* agudos. En mis años de entrenamiento en urgencias psiquiátricas, en el hospital Bellevue de Nueva York, me enfrenté muy pronto al impresionante reto que presentan los enfermos en estado catatónico, afectados por un mutismo extremo. Estos pacientes están despiertos, pero totalmente desconectados del entorno. Prisioneros de su gran rigidez muscular, se mantienen en absoluto silencio, sin cambiar de postura y con la misma expresión facial. Sin tratamiento, pueden permanecer en este estado horas o incluso días, con las consiguientes complicaciones. Con el fin de restaurar la comunicación y poder explorar el estado mental de estos enfermos, los entrevistábamos bajo los efectos del barbitúrico amital sódico, administrado por vía intravenosa. Tratábamos de sacarlos de su estado de estupor, aunque fuese de forma temporal, para que pudieran facilitarnos su información personal y las circunstancias que precipitaron su silencio. La comunicación con ellos nos ayudaba a esclarecer la causa inmediata de su estado mental, ya fuese un trauma psicológico, un trastorno esquizofrénico o una depresión aguda. También aprovechábamos el período de lucidez del enfermo para explicarle su situación y persuadirle de que se alimentara y cooperara con el tratamiento. La recuperación de la palabra a menudo daba resultados espectaculares. La pérdida del habla también puede ser consecuencia de situaciones de zozobra extrema, como el trastorno bautizado oficialmente en 1980 con el nombre de *estrés postraumático*. Este síndrome abarca los estados de ansiedad grave, generados en personas que han estado expuestas a un acontecimiento traumático y han experimentado un terror muy intenso. Además de mutismo, las experiencias traumáticas pueden desencadenar otros síntomas, como estados de pánico, intromisión en la mente de escenas estremecedoras del suceso, dificultad para conciliar el sueño, depresión y aislamiento social.

Otra forma de mudez de raíces psicológicas es el llamado *mutismo selectivo,* que suele afectar a niños y niñas, sobre todo entre los cuatro y diez años de edad. Estos pequeños hablan con normalidad en casa, pero enmudecen en ciertos entornos estresantes para ellos, como el colegio, ante desconocidos o en compañía de personas que les provocan temor. Frente a circunstancias amenazadoras, algunos se paralizan o se cierran en sí mismos, mientras que otros se valen de gestos y expresiones faciales para comunicarse. Este trastorno puede durar meses o incluso años. Al principio los padres suelen reaccionar con frustración, porque asumen que el pequeño enmudece a propósito, pero poco a poco se dan cuenta de que no es así. Se trata de niños con niveles altos de ansiedad, propensos a las fobias. A menudo uno de los padres tuvo un problema similar en su infancia, por lo que se sospecha que existe un componente genético. No hay una prueba específica para el diagnóstico del mutismo selectivo: se realiza a partir de la historia y los síntomas de los afectados, descartando ciertos factores como haber emigrado recientemente a un país con una lengua diferente. Hay niños que se sienten muy incómodos con el nuevo idioma y rechazan aprenderlo o usarlo, pero como hablan normal en su lengua nativa, no se les considera mudos selectivos. Este trastorno se trata con psicoterapia, explorando el conflicto que lo causa. Además, se adiestra al paciente en nuevos comportamientos y se le expone, de forma controlada y progresiva, a las situaciones que provocan la mudez, con el fin de disminuir su sensibilidad hacia ellas y la consiguiente reacción de angustia. El terapeuta trata de enseñar al enfermo conductas o tácticas para reducir la ansiedad y eliminar, poco a poco, los síntomas.

Emplea para ello estímulos positivos con el objetivo de aumentar la confianza del niño, concentrándose especialmente en los entornos donde tiene dificultad para expresarse. Los padres y educadores también participan en estas sesiones. En caso de ansiedad muy intensa y fobia social pueden ser beneficiosos los fármacos ansiolíticos. Es importante evitar el aislamiento social y el fracaso escolar de estos pequeños. En ocasiones, el mutismo selectivo se resuelve de manera espontánea.

Recuerdo una entrevista a Maya Angelou, en la que la escritora, poetisa y activista estadounidense contaba que, en 1935, cuando tenía siete años, el novio de su madre abusó de ella. Aterrada y avergonzada, Maya solo le confió lo ocurrido a su hermano, pero días después, cuando oyó por la radio la noticia de que un tío suyo había asesinado a su agresor sexual en venganza, sintió que sus palabras lo habían matado. Desde ese instante, Maya enmudeció y no volvió a pronunciar una palabra durante años. Hicieron falta décadas para que la célebre poetisa explicase su mudez: Habló hasta que tuvo siete años y medio, cuando fue violada por un hombre. Le dijo el nombre del violador a un familiar y el hombre fue detenido y encarcelado. A los pocos días salió de la cárcel, y al día siguiente lo encontraron muerto. Ella pensó que su voz lo había matado, así que dejó de hablar durante casi seis años. Tenía voz, pero simplemente se negó a usarla. Pasados dos o tres años, se olvidó de por qué había dejado de hablar y, simplemente, no habló más. Fue el amor por la poesía y una maestra lo que la sacó de sí misma. Un día ella le dijo que amaba la poesía y empezó a escribirla. Le leía en voz alta la poesía que Angelou escribía. Más tarde le comentó: «Si realmente amaras la poesía, la recitarías». Y después le dijo: «Hasta que sientas que se te cruzan los dientes, la lengua y los labios, nunca amarás la poesía, así que no leeré nada más de lo que escribas». Lloró durante seis meses y se puso a deambular y a mirar a su alrededor. Ella siguió insistiendo hasta que, finalmente, un día entró en casa con un libro de poesía, trató de hablar y tuvo voz. Desde entonces casi no ha dejado de hablar.

Otra causa psicológica de mudez es lo que en psiquiatría llamábamos antes «neurosis de histeria» y ahora calificamos de *trastornos de conversión*. En estos estados, los conflictos psicológicos y la ansiedad provocan síntomas físicos de muchos tipos, desde mutismo hasta parálisis, pasando por pérdida del conocimiento, cefaleas, náuseas y dolores generalizados. A menudo los síntomas surgen tras un suceso traumático o estresante, e interfieren en las actividades diarias de la persona. Hoy en día el trastorno de conversión se trata con psicoterapia, dirigida a identificar el origen psicológico de los síntomas, resolver los conflictos y mejorar las relaciones afectivas de los pacientes. Las técnicas de relajación, como la meditación, la respiración y el yoga, también son eficaces a la hora de disminuir la tensión. Sigmund Freud fue el padre de la famosa teoría según la cual ciertas personas transforman deseos reprimidos «inconfesables» en síntomas físicos, para de esa manera evitar el conflicto. Esto se considera la «ganancia primaria» de la neurosis. Pero, además, el paciente obtiene una «ganancia secundaria» al recibir la atención y la simpatía de familiares y amigos. Es una forma de canalizar la ansiedad, escapar de la insoportable realidad y lidiar con conflictos emocionales.

Factores hereditarios unidos a problemas psicológicos

son la causa de la *alexitimia* o incapacidad para reconocer, nombrar o describir las propias emociones. El término se deriva del griego y significa, literalmente, «falta de palabras de emociones». Este trastorno, identificado por el psiquiatra Peter E. Sifneos en 1972, es más frecuente en hombres que en mujeres. Entre los alexitímicos, un grupo presenta una anomalía en la zona cerebral encargada de captar y expresar los estados emocionales con símbolos verbales. Este tipo de alexitimia es fruto de factores hereditarios y suele aparecer en los primeros años de la infancia: el niño o niña experimenta las emociones en su cuerpo, pero no puede explicar lo que siente con palabras. Otras variedades surgen en personas muy ansiosas que padecen problemas digestivos, cefaleas o dolores generalizados. El autismo, las toxicomanías y las experiencias emocionalmente traumáticas pueden alterar también la capacidad para expresar las emociones con palabras.

Dentro de este apartado sobre los tipos de mudez por causas psicológicas, permitidme una breve mención de las personas que eligen el silencio de por vida, movidas por fuerzas que algunos consideran espirituales. Los anacoretas o ermitaños son el paradigma de la vida silenciosa voluntaria, pues viven retirados en lugares solitarios, entregados a la contemplación. Algo parecido hacen los monjes recluidos en monasterios y consagrados a la meditación, a la oración o a la penitencia por haber quebrantado leyes divinas. Hoy, en su mayoría son mujeres que huyen del bullicio y buscan la soledad física con el fin de orar o meditar. Viven aisladas del mundo que las rodea, pero no se sienten desamparadas, dado que están conectadas interiormente con las representaciones mentales de otras personas, espíritus o símbolos religiosos.

De hecho, estos hombres y mujeres nos recuerdan que no es lo mismo estar solos que sentirnos solos. Con independencia de los efectos nocivos que pueda tener el aislamiento permanente en la estabilidad emocional y social de la persona, los estados de meditación espiritual ayudan a aliviar los altos niveles de estrés que son factores de riesgo de enfermedades. Sabemos que no importa si rezas por ti o por otros, si rezas para sanar una dolencia o por la paz en el mundo, o si simplemente te sientas en silencio y callas la mente; los efectos tranquilizantes parecen ser los mismos. Se ha demostrado que una gran variedad de prácticas espirituales, incluyendo las oraciones de carácter religioso, son maneras poderosas de mantener una actitud positiva y superar con éxito las tensiones y reveses que nos alteran en el día a día.

Un ejemplo clásico de vidas silenciosas voluntarias son las monjas de clausura, en su mayoría adscritas a órdenes religiosas católicas muy antiguas, separadas de las distracciones terrenales, dedicadas a hablar con su Dios y a rezar por la salvación de la humanidad. Entre ellas quizá la más famosa sea Teresa de Ávila. Esta religiosa pionera del siglo XVI, también conocida como santa Teresa de Jesús, fundó la orden de las carmelitas descalzas, dedicadas a la estricta observancia de la pobreza, la soledad y el silencio. Cuenta el biógrafo Pierre Boudot que, a los 43 años Teresa, que decía conversar en privado con personajes divinos, vivió un éxtasis muy intenso que ella interpretó como una unión con Dios. Sus visiones místicas y estados de embelesamiento se sucedieron sin interrupción durante más de dos años, hasta que exhaló el último suspiro. Cada día hay menos monjas de clausura —en la actualidad, apenas 3.000 en el mundo— y a menudo se las considera mujeres peculiares, que huyen de los desafíos de la vida y se refugian en la soledad y el misticismo.

## TARTAMUDEZ

La tartamudez es un trastorno de la fluidez del habla que se caracteriza por las frecuentes repeticiones involuntarias de sílabas o palabras, como «¿Qué-qué-me-me-di-di-ces?», acompañadas de bloqueos y prolongación de los sonidos. También son comunes las expresiones de relleno, como «eh» y «hummm». Las repeticiones y prolongaciones de sílabas o sonidos a menudo van acompañadas de cierre de ojos, parpadeo, miradas al costado, tensión muscular en los labios o alrededor de la boca y alteraciones del ritmo respiratorio. Estas perturbaciones del flujo del habla suelen manifestarse más agudamente cuando la persona está cansada, nerviosa, alude a temas nuevos o habla en público.

El tartamudeo más frecuente se da en los niños varones que están aprendiendo a hablar. Generalmente comienza durante el período de desarrollo del lenguaje, entre los dos y los cinco años de edad, cuando empiezan a usar frases de dos o más palabras. Los pequeños se dan cuenta enseguida de su dificultad para comunicarse y se preocupan, se sienten frustrados y les avergüenza hablar. Aproximadamente un 5 por ciento de los niños sufre este trastorno durante un período de seis meses a un año, pero la mayoría recupera, poco a poco, la fluidez antes de llegar a la adolescencia. Cerca del 1 por ciento de la población adulta sufre algún grado de tartamudez crónica. Se trata principalmente de hombres, pues el número de varones tartamudos es tres veces más alto que el de mujeres. Por ello, los factores de riesgo de padecer este trastorno comienzan por ser varón. Tener antecedentes familiares de tartamudez, mostrar retraso en el desarrollo de la articulación del lenguaje en la infancia y tartajear durante más de dieciocho meses aumentan también el peligro de sufrir esta dolencia.

Cuando la tartamudez en adolescentes y adultos no es diagnosticada, se manifiesta en sentimientos de pérdida de control sobre el habla, temor a hablar y a situaciones en las que se anticipa la comunicación. La conciencia de la propia incapacidad para hablar con fluidez y el temor a ser estigmatizado hacen que el paciente experimente sentimientos recurrentes de vergüenza, culpa y ansiedad. Muchos afectados toman decisiones importantes para su vida condicionados por la tartamudez y el temor a sus posibles efectos.

La terapia del lenguaje al iniciarse el tartamudeo y el apoyo de la familia son intervenciones importantes para disminuir las probabilidades de que el problema se convierta en crónico. En la actualidad, las terapias para los adolescentes y adultos tartamudos se centran en el aprendizaje de técnicas para facilitar la articulación de sonidos. Entre ellas figuran: hablar de forma más lenta, ajustar la respiración y aprender, poco a poco, a responder con palabras y frases progresivamente más complejas. La mayoría de las terapias también tratan la ansiedad que acompaña al tartamudeo. Este trastorno puede asimismo deberse a causas menos frecuentes, como daños neurológicos producidos por lesiones o derrames cerebrales que afectan a las zonas del cerebro encargadas de la articulación o vocalización de las palabras. El estrés postrau mático, las patologías del pensamiento y las psicosis pueden también provocar tartamudez.

En el siguiente capítulo exploraremos cómo nuestro lenguaje moldea la imagen que proyectamos e influye en la opinión que los demás construyen de nosotros. Esta cuestión es importante, pues para lograr construir el concepto privado que deseamos de nosotros mismos, tenemos que convencer a los espectadores que nos rodean. De ahí la importancia de ser conscientes del impacto que causan no solo el vocabulario y el tono de voz que usamos, sino también nuestro estado emocional y el nivel de estrés que experimentemos. Y no olvidemos la sensibilidad y los prejuicios que puedan albergar quienes escuchan con respecto al acento o la entonación particular que damos a las palabras de acuerdo con las particularidades fonéticas que caracterizan a una determinada región.

# SEGUNDA PARTE

# 6

## Lenguaje e imagen social

Las personas se olvidan de lo que dices, también se olvidan de lo que haces, pero nunca se olvidan de cómo las haces sentirse.

MAYA ANGELOU, *Readers Digest*, 1995

Cada uno de nosotros revelamos continuamente el concepto que tenemos de nosotros mismos a través de nuestras actitudes, opiniones, decisiones y forma de comunicarnos. Para poder solidificar este concepto, es importante que sea coherente con la imagen que proyectamos en la vida social, pues ya desde pequeños nos damos cuenta de que la opinión que los demás tienen de nosotros influye en la que forjamos de nosotros mismos.

Incluso cuando nuestros mayores y tutores nos aconsejan que no nos preocupemos de lo que puedan pensar otros, e insisten en que seamos «nosotros mismos», solemos tomar su consejo con precaución. Y es que somos conscientes de que la forma de comportarnos y relacionarnos juega un papel fundamental en la valoración que los demás hacen de nosotros y, por ende, en nuestra propia valoración o autoestima. Esta es la razón principal por la que todos tratamos de mostrar un perfil que reafirme la identidad privada que tenemos de nosotros mismos, o nos gustaría tener.

## Presentación verbal del yo

Aunque nuestro aspecto físico, nuestra vestimenta, nuestros movimientos y nuestros gestos nos definen ante los demás, el lenguaje verbal es el factor que más influye en la imagen que presentamos en sociedad. Al hablar nos dejamos ver, expresamos nuestros sentimientos, compartimos aspectos importantes de nuestra vida y revelamos nuestra manera de ser. En reuniones informales, con gente de confianza, solemos pasar por alto de manera temporal la impresión que damos. Sin embargo, en situaciones sociales más formales tendemos a controlar la manera de hablar y de comunicarnos, lo cual no es por necesidad una actividad negativa que implique manipulación, inseguridad o vanidad. Prestar un grado razonable de atención a la imagen que proyectamos es saludable y nos ayuda a relacionarnos, a adaptarnos socialmente y a convivir.

Tener en cuenta nuestro vocabulario, nuestro tono de voz, sopesar el contenido y el alcance de la información que compartimos y ser conscientes del impacto de nuestras expresiones es en especial recomendable a la hora de trabajar en grupo o participar en actos laborales, profesionales o públicos. Es evidente que percibimos de un modo más favorable a las personas que expresan emociones positivas que a quienes comunican estados de ánimo penosos o negativos. Esto se debe a que las emociones no solo las sienten quienes las expresan, sino que nos las transmiten y nosotros también las transmitimos a los demás. Por ello, la carga emotiva con la que acompañamos nuestras palabras influye en nuestra habilidad para establecer una conexión genuina con quienes nos escuchan. La sonrisa sincera unida al contacto visual y a un «hola» genuino es un buen ejemplo de expresión que sirve para comunicar jovialidad, entendimiento y aceptación.

Está demostrado que las personas que no prestan atención a su lenguaje o a su estilo de comunicar sus opiniones o intenciones tienen más dificultad a la hora de relacionarse, de negociar situaciones delicadas o de conseguir ciertas metas que requieren la colaboración de otros. En el extremo opuesto se sitúan quienes viven perpetuamente preocupados por su apariencia, su forma de hablar y la opinión de quienes los escuchan, sea en el ambiente familiar o en el entorno laboral o social. En este grupo se encuentran los que se empeñan en fingir o esconder con palabras sus sentimientos o rasgos de su personalidad. Dado que esta constante actuación consume mucha energía psíquica, antes o después corren el peligro de perder autenticidad. Como decía Mark Twain, «tienen las palabras, pero les falta la melodía».

Algunas de estas personas padecen lo que en psiquiatría se denomina *fobia social*. Este trastorno comienza a manifestarse en la adolescencia y su principal síntoma es el miedo cerval a las situaciones sociales. Los afectados están convencidos de que harán el ridículo, y se sentirán humillados y rechazados. Para evitar esta angustiosa situación, evaden hablar en público, se resisten a participar en grupos y a asistir a reuniones en las que puedan ser sometidos a preguntas o invitados a intervenir. Algunos terminan llevando una vida de extremo aislamiento.

El temor excesivo a la impresión que podamos causar en

los demás impulsa a muchas personas a prepararse antes de exponerse al oído atento y al ojo curioso y escrutador de los otros. Hay quien lo consigue relajándose, haciendo ejercicio o ensayando. Y también hay quien se automedica con tranquilizantes, con bloqueadores de la adrenalina, o se toma un par de copas con el fin de actuar «más suelto» en el escenario. Sin embargo, a veces estos se pasan de rosca, pues los efectos de estas sustancias a menudo disminuyen la discreción y socavan el autocontrol.

Precisamente, al tratar el tema de la relación del lenguaje y la imagen social, creo que no debemos dejar en el tintero las alteraciones temporales del habla provocadas por la ingestión de ciertas sustancias en cantidades tóxicas, sobre todo las que afectan directamente a las zonas del cerebro que regulan el habla, el pensamiento y las emociones. Basta una intoxicación por alcohol, drogas estimulantes, fármacos hipnóticos, sedantes o narcóticos para que nuestra forma de hablar se altere y nuestra forma de comportarnos se perturbe, como notarán quienes nos conocen. Estas sustancias trastornan el flujo o cadencia de las palabras, tanto por exceso como por defecto, dan lugar a problemas de vocalización o pronunciación de los sonidos y desorganizan el contenido de las frases. A menudo estas alteraciones hacen los mensajes incomprensibles para quienes escuchan. Pero esto no es todo: las sustancias psicotrópicas, ingeridas en cantidades suficientes, no solo trastornan el flujo del habla, sino también el contenido o la sustancia del mensaje. El motivo es que ofuscan la capacidad de introspección y el sentido común, que normalmente nos ayudan a controlar los impulsos y a considerar las posibles consecuencias de lo que decimos.

## La voz de las emociones

Al ser una actividad tan sensible y vital, el lenguaje refleja nuestro estado de ánimo. Las palabras que usamos, el volumen y el tono de voz cambian en consonancia con nuestra situación emocional. La alegría y el placer, la rabia y la ira, el miedo y la tristeza, la sorpresa y el asco o la vergüenza son emociones que se forjan en nuestro cerebro; cada una tiene su sintonía y la expresamos con palabras y con la voz. Por cierto, en todos los idiomas se usan *onomatopeyas* o sonidos bucales breves para representar emociones sin nombrarlas. Por ejemplo: «¡aghgh!», terror; «¡ay!», dolor; «¡bah!», desprecio; «¡jojojo!», risa socarrona; «¡jijiji!», risa contenida; «hum...» o «mmm...», duda; «¡huy!», lamento; «ajá», asentimiento; «buf», aburrimiento, y muchas otras. No tenemos más que escuchar las expresiones de los aficionados a cualquier deporte para reconocer las intensas emociones que sienten cuando ven competir a su equipo o atleta favorito. El tono de sus voces —o gritos— revela cómo su ánimo, su confianza y optimismo aumentan o disminuyen dependiendo de los avatares de la competición. Y al acabar el encuentro, expresan a voces su alegría y orgullo, o su tristeza y decepción, según sea el resultado.

Aunque suele decirse que la cara es el espejo del alma, para muchos la voz es el instrumento que mejor expresa el estado de ánimo. A la hora de captarlo, nos guiamos por el tono y la cadencia del habla de nuestros interlocutores incluso antes de prestar atención al contenido de sus palabras. Resulta curioso constatar que el tono de voz comunica a quienes nos escuchan más matices o información sobre nuestros sentimientos y motivaciones de los que somos conscientes los que hablamos.

Es bien sabido que la acústica de nuestra voz, que se transmite a través de los huesos del cráneo, impide que oigamos nuestro tono de voz del mismo modo que nuestros interlocutores, lo que explica la reacción de extrañeza que experimentamos cuando escuchamos por primera vez una grabación de nuestra propia voz. En una grabación es posible identificar modulaciones del tono de voz que expresan sentimientos y pasan inadvertidas al locutor. Por este motivo, el tono de voz puede revelar a quienes escuchan ansiedad, tristeza o incluso insinceridad sin que se dé cuenta la persona que habla.

La importancia de la voz y sus tonalidades a la hora de comunicarnos se hace cada día más evidente con la imparable expansión de la comunicación electrónica. Actualmente es imposible concebir nuestras relaciones, la vida cotidiana o el funcionamiento de la sociedad sin móviles y demás instrumentos prodigiosos de comunicación verbal.

Se dice que la felicidad está hecha para ser compartida con otros, pues la conexión con otras personas es el medio primordial donde vivimos los momentos más agradables de nuestra existencia. Cuando preguntamos cuáles son las parcelas de la vida que proporcionan mayor dicha, la inmensa mayoría de la gente destaca las relaciones con otras personas. Esto explica que uno de los castigos más antiguos y crueles sea la incomunicación total. Otro estado emocional que expresamos claramente a través del habla es la tristeza. Cuando nos entristecemos hablamos menos, con menos palabras, más despacio y en tonos más bajos. Incluso notamos en la voz de los demás el sentimiento de tristeza antes de conocer el contenido de sus palabras. Por eso es tan común animar a un amigo o colega a que nos cuente cómo se siente con un «Suenas depre, ¿qué te pasa?». Su desánimo se hará evidente hasta en las palabras que emplee para respondernos, pues algunas, como los pronombres personales en primera persona —yo, mí—, se utilizan con más frecuencia en momentos de aflicción. Cualquiera que haya experimentado un estado prolongado de tristeza es consciente de la capacidad de esta emoción para alterar nuestro lenguaje, tanto privado como social. La melancolía impregna de negatividad nuestro vocabulario al cerrar los escenarios en los que experimentamos satisfacción con la vida. Y si escuchamos a una persona que sufre depresión, notaremos enseguida en su habla el tono triste y apagado, el ritmo lento y la falta de energía y de ilusión. También nos llamarán la atención sus expresiones desesperanzadas, las críticas y opiniones desfavorables de sí misma y la abundancia de negaciones.

El asco es otra emoción que expresamos vivamente con la cara y la voz —«¡Aagh!», «¡Uugh!», «¡Puaj!»—. Brota en nosotros cuando percibimos algo que consideramos repugnante y llegamos a sentir náusea. Quizá por esto, Charles Darwin vio en el asco un mecanismo de supervivencia, ya que nos alerta y nos empuja a rechazar alimentos malolientes o contaminados y nos protege de posibles envenenamientos. El mundo tangible del asco está casi siempre relacionado con el cuerpo. Los orificios corporales se transforman con facilidad en agujeros peligrosos de los que escapan productos que llevamos dentro sin problema, pero que consideramos repugnantes cuando salen a la luz. Sobre todo, si provienen de un cuerpo ajeno. Con el tiempo, hemos asignado al asco una misión moralizante y a menudo utilizamos sus connotaciones a modo de reproche. Hoy, el asco no solo constituye un ingre-

diente esencial de los sentimientos de culpa, de autodespre-
cio o de hastío —«¡Me doy asco!»—, sino que son contados
los discursos que no incluyen el asco a la hora de condenar la
crueldad, la hipocresía o la corrupción.

El miedo es una emoción con lenguaje propio que nos
avisa de circunstancias peligrosas y nos invita a protegernos.
Hay personas que enmudecen ante las amenazas, mientras
que otras gritan. La sensación de ahogo, los escalofríos y las
palpitaciones se mezclan con el habla, y las palabras se hacen
incomprensibles. Mientras tanto, en el lenguaje privado el
instinto de supervivencia aviva la discusión interior sobre qué
hacer, si huir, escondernos o luchar. Cuando el miedo no co-
rresponde a ninguna amenaza real hablamos de ansiedad.
Todos conocemos a personas que comunican continuamente
inquietud y aprensión. Unas manifiestan su ansiedad expli-
cando sus fobias, o sus obsesiones e impulsos incontrolables.
Otras plagan su lenguaje con temores sobre su salud, y asegu-
ran, con total convicción, que cualquier indisposición que
sufren, por leve que sea, es la avanzadilla indiscutible de una
enfermedad grave.

El dolor, como el miedo, es una sensación desagradable
que también tiene voz. El grito de dolor es la queja verbal más
frecuente desde que nacemos. Sirve de señal de alarma en
respuesta a una lesión o avería del cuerpo. De esta forma, la
voz nos avisa, a nosotros y a quienes nos oyen, del daño físico,
y nos ayuda a recibir los cuidados que necesitamos para pa-
liarlo. Desde pequeños, la voz del dolor nos impulsa a llamar
la atención y pedir auxilio. Imaginemos qué sería de nosotros
sin esa potente señal de alarma que avisa de que estamos su-
friendo un daño, ya sea debido a una avería interna o a una

fuerza exterior: sin el dolor no sabríamos detectar una lesión, y sin el grito no recibiríamos ayuda. Cuando estamos con una persona que sufre dolor, es importante escuchar su descripción de la sensación física dolorosa. El sentido del dolor es personal, subjetivo, y pertenece, en un principio, al lenguaje privado. Solamente quien siente dolor es capaz de describirlo, pues nadie puede percibir o evaluar nuestro dolor, a no ser que lo verbalicemos y compartamos. En medicina, la descripción y valoración del dolor por parte de la persona que lo padece es el factor más importante a tener en cuenta para la diagnosis: nadie sabe mejor dónde duele, cómo duele y cuánto duele que quien lo siente. Para llegar a un diagnóstico correcto es fundamental escuchar no solo la descripción del dolor en cuanto a su localización, intensidad y duración, sino, además, obtener de boca del doliente la emoción que lo acompaña y la explicación o el significado que le da, así como los detalles del contexto familiar y social en que lo sufre.

En definitiva, las emociones modelan lo que decimos y, sobre todo, cómo lo decimos.

## El factor estrés

La palabra «estrés» proviene del inglés y comenzó a emplearse el siglo pasado en el campo de la física para definir el impacto de una fuerza exterior sobre un objeto. Hoy es una palabra universal que se refiere a la tensión emocional que suele acompañar a las coyunturas que nos agobian. El estrés ha aventajado en popularidad a los conceptos clásicos de angustia o de ansiedad. Pienso que la idea del estrés es más atractiva y aceptable porque no es una expresión acusatoria y no mancha la reputación del afectado. Quizá por su alta aceptación social, el estrés nos ofrece una forma más honorable de justificar nuestras emociones de miedo, de irritabilidad o de crispación. Además, la gente tiende a mirar con respeto a quienes confiesan sentirse estresados; se les considera personas luchadoras que soportan con valentía las fatigas de la vida moderna.

En general, nos estresamos cuando sentimos que las exigencias que nos impone el entorno, como el trabajo, los estudios, las relaciones, o los procesos que creamos nosotros mismos para conseguir las metas que nos proponemos superan nuestra capacidad para hacerles frente.

Otra fuente de estrés en nuestro tiempo es la incertidumbre. El motivo es que, en los países en cierta medida estables, la mayoría mantenemos la conciencia de futuro y damos por hecho que controlamos razonablemente nuestro programa de vida. Por ejemplo, si prestamos atención a nuestras reflexiones a solas o escuchamos la conversación de otras personas, notaremos enseguida que un tema favorito es lo que vamos a hacer más tarde, mañana, en unos meses o dentro de varios años. Hablamos de nuestro futuro profesional, nos referimos ilusionados a proyectos venideros o compartimos ilusionados nuestros planes para las vacaciones del próximo verano. Cuanto más incapaces nos sentimos de planificar el mañana y más incierto nos parece el porvenir, más espacio dejamos abierto para que el estrés maligno sacuda el cimiento vital de la seguridad, tan básico en nuestra vida cotidiana. Y es que, desde el amanecer de la humanidad, hemos destinado enormes recursos, tanto materiales como espirituales, a hacer el futuro lo más previsible y seguro posible.

En dosis moderadas, el estrés puede ser beneficioso, ya que estimula nuestra motivación y genera la energía necesaria para enfrentarnos a las situaciones que nos desafían, ya sean en el ámbito laboral, familiar o personal. Sin embargo, el estrés intenso y prolongado altera los sistemas inmunológico, cardiovascular, endocrino y nervioso central, así como el equilibrio emocional, puesto que perturba las sustancias neurotransmisoras —como la serotonina y la dopamina—, así como las conexiones entre el hipotálamo —centro responsable de regular las emociones y sensaciones básicas— y la hipófisis, la glándula primordial situada en la base del cráneo y encargada de producir las hormonas que estimulan la producción de adrenalina en las glándulas suprarrenales.

Como ya mencioné al describir las neuronas del habla, el hipotálamo está conectado con las zonas cerebrales que controlan el lenguaje. Esto explica que el estrés excesivo o permanente afecte tanto al lenguaje comunicativo o social como al lenguaje interior privado. En el entorno social, el lenguaje empapado de estrés da lugar a conversaciones cargadas de tensión, intranquilidad y crispación. Bajo los efectos del estrés, personas normalmente de temperamento cordial y sosegado responden con palabras de intolerancia e indignación a bromas banales, mientras que aquellas de talante abierto y jovial se muestran reservadas, preocupadas y a la defensiva. Asimismo, individuos conocidos por permanecer imperturbables ante las más altas exigencias del trabajo o de la familia reaccionan con impaciencia y frustración ante los menores contratiempos.

En el lenguaje privado, igualmente, el estrés maligno carga las palabras de incomprensión, autocrítica, irritabilidad, pesimismo y desánimo. Incluso puede llegar a alterar la capacidad de introspección y a desfigurar nuestra percepción de la realidad, robándonos así la paz interior y la satisfacción con la vida.

En definitiva, el estrés pernicioso continuado nos conmociona y nos hace cuestionar, en voz alta y en voz baja, nuestra capacidad para controlar de un modo razonable nuestro programa de vida, empaña de duda el futuro y conmociona el cimiento vital de la confianza.

## LOS ACENTOS ENGAÑAN

Todos tenemos acento, nadie se libra. Nuestro acento forma parte de nuestra identidad, de nuestra persona. No solo revelamos el acento cuando hablamos un segundo idioma aprendido ya de adultos. También en nuestra lengua materna manifestamos nuestro propio acento, nuestro tonillo, nuestro deje revelador. El acento es algo muy personal, una forma de vocalizar que a menudo refleja no solo el dominio de la lengua en la que nos comunicamos, sino también el lugar del que procedemos, la etnia, la clase social, el nivel de educación e, incluso, aspectos de nuestra identidad privada. Por eso, cuando decimos que alguien «habla con acento» nos referimos a que su acento o bien corresponde al de una persona no nativa, o bien presenta aspectos diferentes de lo que se considera lenguaje estándar en un determinado país o comunidad. Ambos casos pueden tener consecuencias para quienes hablan, pues todos albergamos una idea particular sobre cuál es el sonido correcto de las palabras.

La idea del acento modelo —para muchos la ausencia de acento— está, por supuesto, enraizada en la educación, las normas sociales y la cultura local. Aunque abunda la creencia de que el acento perfecto es el que no se nota —es inaudible e invisible—, no existe realmente un acuerdo universal sobre la forma de hablar perfecta, neutral o sin acento. Al igual que todos tenemos rasgos faciales propios, también poseemos un acento propio. Y como ocurre con la apariencia física, la mayoría de las personas tiene una opinión particular sobre los acentos que escucha: valora y ennoblece unos, y estigmatiza o menosprecia otros. En este sentido, hablar con un acento concreto puede influir en la opinión de quienes nos escuchan y, por lo tanto, tener consecuencias. Es un secreto a voces que el rechazo a ciertos acentos da lugar a la discriminación en la selección de personal basada en entrevistas personales, en el acceso a la vivienda, a comunidades establecidas o a instituciones docentes. En situaciones competitivas que requieren la valoración del lenguaje verbal de los participantes, los candidatos «sin acento» suelen tener prioridad.

En la actualidad, cuando el porcentaje de residentes nacidos en el extranjero se encuentra en muchos países en el punto más alto de la historia, la distinción entre nativo y no nativo se ha convertido en motivo frecuente de tipificación y, a menudo, de discriminación. Varios estudios demuestran que los inmigrantes que se comunican con dificultad en la lengua de su nuevo país son percibidos por sus interlocutores como personas menos inteligentes de lo que realmente son. También es cierto que la lealtad absoluta al verbo materno que muestran algunos de ellos, a costa del idioma del país de adopción, puede limitar sus oportunidades en el mercado laboral y reducir sus posibilidades de participar en decisiones que afectan a la comunidad. En algunas sociedades, la sensibilidad hacia ciertos acentos está tan generalizada que quienes hablan con acentos impopulares o desacreditados llegan a internalizar los prejuicios a los que se enfrentan y sufren daños permanentes en su autoestima.

Es obvio que la comunicación fácilmente comprensible sigue siendo el objetivo del lenguaje y que, cuando estamos aprendiendo un idioma nuevo, el acento puede obstaculizar la comprensión, sobre todo si va acompañado de un vocabulario limitado o errores gramaticales. No obstante, debemos dejar de lado la quimera de que existe una única manera correcta de hablar. El acento en sí mismo no es, necesariamente, una medida fiable de la competencia lingüística de la persona ni de sus conocimientos, y mucho menos de su carácter. Considerarlo como tal equivaldría a juzgar a las personas tan solo por su aspecto físico. Por eso, es importante tomar conciencia de nuestros prejuicios antes de encasillar a nuestros interlocutores o de descartar su capacidad para comunicarse a causa de su acento.

A continuación entraremos en el impresionante escenario de la introspección, ese espacio interior en el que actuamos sin censura, simultáneamente como protagonistas y espectadores. Resulta sin duda fascinante comprobar cómo las palabras que usamos para hablarnos a nosotros mismos y explicarnos las situaciones que vivimos modelan nuestra autoestima, afectan nuestro estado de ánimo, nutren nuestra confianza y guían nuestras actitudes y comportamientos. Levantemos el telón...

# 7

## El escenario de la introspección

> Tu visión será clara solo cuando mires dentro de tu corazón. Quien mira afuera, sueña; quien mira adentro, despierta.
>
> CARL GUSTAV JUNG, 1932

Gracias a la luz de la conciencia, los seres humanos podemos practicar esa facultad tan especial llamada introspección, que nos permite examinarnos, hablar con nosotros mismos en todo momento y ejercer tanto de comentaristas como de oyentes e incluso de jueces de nosotros mismos. A la hora de juzgar una situación, damos más credibilidad a nuestro lenguaje interior que al lenguaje social que usamos con los demás. Cuántas veces escuchamos y aceptamos, con genuino agradecimiento, las alabanzas de familiares o amigos, aunque interiormente las descartemos por considerarlas infundadas o superficiales. Y cuántas veces respondemos con expresiones de conformidad y aceptación a las críticas «constructivas» de colegas o jefes bien intencionados, para rechazarlas en nuestro fuero interno por juzgarlas desatinadas o motivadas por intereses personales.

En nuestras conversaciones con nosotros mismos, nos

solemos hablar en primera persona para definirnos —«Yo soy buen conductor», «Yo puedo lograrlo»—. Por lo general, el «yo» es más reflexivo, más propio de momentos de introspección o meditación sobre cómo nos sentimos o cómo somos. Sin embargo, usamos el «tú» cuando nos juzgamos o aconsejamos o nos damos órdenes. El hecho de que los adultos empleen el «tú» para definirnos, darnos órdenes y dirigirnos desde pequeños hace que generalmente usemos esta forma para guiarnos o calificarnos —«Tienes que tener cuidado con tus bromas», «Eres un tanto pesado»—. En situaciones en las que necesitamos ejercer autocontrol tendemos a usar imperativos.

Cuando nos explicamos circunstancias negativas en las que hemos fallado o perdido, por ejemplo, en una competición, también tendemos a usar la segunda persona —«Perdiste el premio porque tuviste mala suerte»—. Por el contrario, en situaciones positivas, como ese día que dimos una charla que tuvo éxito, estamos sosegados y contentos, y nos hablamos en privado en primera persona —«Me salió muy bien la presentación...».

Solo en contadas ocasiones en las que nos dirigimos a nosotros mismos como parte de un grupo utilizamos el «nosotros» en el lenguaje privado —«Nosotros los médicos vemos la vida de una forma diferente»—. El uso de los pronombres personales para referirse a uno mismo, tanto en el lenguaje privado como en el contexto social, cambia con el tiempo, las circunstancias y el estado de ánimo. Por ejemplo, numerosos estudios demuestran un aumento en el uso de la primera persona singular en personas que se entristecen o se sienten emocionalmente aisladas.

## Soliloquios y autoestima

Con apenas dos años, los niños reaccionan con alegría cuando se ven en un espejo, con expresiones como «¡Ese soy yo!» o «¡Mira cómo muevo las manos!». Y si les pedimos que nos digan quiénes son, usan las mismas palabras y adjetivos que oyen en boca de sus padres y cuidadores cuando hablan de ellos. Hacia los cuatro años, los pequeños construyen una narrativa particular de sí mismos, que a menudo tiene connotaciones de valoración: «Soy una niña buena», «Soy un niño fuerte», «Soy travieso». A medida que van creciendo, tienden a hacer suyas y a expresar las opiniones que emiten los adultos con autoridad sobre ellos. De ahí que, a la hora de reprender a los pequeños por algo que han hecho mal, sea importante centrar las críticas en su comportamiento concreto y no devaluarlos como persona. Ante los fallos, también es fundamental enseñarles a encontrar explicaciones sensatas pero favorables. Por ejemplo, imaginemos que Belén, una niña de ocho años, está haciendo una multiplicación como parte de los deberes del colegio y expresa frustración con ella misma porque no le sale. El padre, al ver su reacción, puede optar por una explicación positiva: «Mira, Belén, la multiplicación no te sale porque estás cansada», o, por el contrario, puede sentenciarla: «Belén, hija mía, eso de hacer cuentas no va contigo, ¡realmente no es lo tuyo!».

Sin duda, para la gran mayoría de los seres humanos lo más importante del mundo es uno mismo. Cuando conversamos con alguien cercano o con nosotros mismos, los temas que nos resultan más relevantes son aquellos que tratan sobre alguna faceta de nuestra persona o sobre hechos que nos afectan en particular. Asimismo, las historias que más nos atraen y nos interesan son aquellas con las que nos identificamos o que nos atañen de alguna forma. Como ejemplo, aunque un tanto extremo, recuerdo al alcalde de Nueva York Edward Koch, con quien trabajé en los años ochenta, que en una entrevista interrumpió al periodista y le dijo: «¡Pero basta ya de mí! Hablemos de ti... ¿Qué piensas de mí?». Koch tenía la costumbre de plantarse en las salidas del metro y preguntar sonriente a los transeúntes que pasaban: «¿Cómo lo estoy haciendo?».

En mi experiencia, la información más reveladora que nos puede dar una persona sobre sí misma es el contenido de sus conversaciones privadas: cuando se habla a sí misma sobre sí misma. Por eso, en mi trabajo de psiquiatra, una sugerencia clave que hago en la primera visita es sencillamente «Háblame de ti como si estuvieses hablándote a solas». De entrada, la mayoría de mis pacientes reacciona con perplejidad o me responde con un «¿Qué quiere decir?» o «¿Qué quiere que le diga?». Son pocos los que se han parado a pensar sobre las conversaciones consigo mismos, y menos los que han reparado en la utilidad de analizarlas. No es fácil lograr que las personas liberen sus discursos privados secretos y los compartan.

Sin embargo, antes o después, todos nos planteamos preguntas como «¿Qué es lo que pienso de mí?», «¿Cómo me siento conmigo mismo?» o «¿Cuánto me valoro?», y el contenido de nuestras respuestas refleja nuestra autoestima.

La autoestima es individual, en el sentido de que, a la hora de valorarnos, cada uno enfocamos y describimos aspectos diferentes de nuestro *yo*, según nuestras prioridades particulares: desde la apariencia física hasta la habilidad para relacionarnos con los demás, pasando por la capacidad intelectual, la aptitud para conseguir las metas que perseguimos, o los rasgos de nuestro carácter que nos ayudan a sentirnos eficaces y satisfechos en el día a día. Aunque también hay personas que a la hora de formar su identidad y valorarse mezclan atributos personales del *yo* con el *mío*, como sus pertenencias, sus propiedades o las de su familia.

Un desafío que presenta la autoestima es su cuantificación, pues no se presta al examen objetivo y directo, como ocurre con la presión arterial o con la temperatura del cuerpo. La autoestima es subjetiva y personal. Las personas que gozan de una autoestima saludable tienden a verbalizar, en su lenguaje privado, lo satisfechas que se sienten con la vida en general y a reconocerse que dirigen su día a día y mandan sobre sus decisiones. Esta declaración interior, a su vez, las hace sentirse competentes y seguras.

Es importante distinguir entre autoestima saludable y narcisista. La autoestima saludable es la valoración global positiva que hace la persona de sí misma, basándose en sus virtudes, defectos, capacidades, limitaciones, y también en las consecuencias de sus comportamientos para su sano bienestar y el de los demás. Por el contrario, la autoestima narcisista se basa, exclusivamente, en las capacidades y talentos que alimentan el sentimiento de superioridad o de poder sobre los demás, y en las emociones placenteras que resultan del ejercicio de dicho dominio sobre otros, incluyendo las conductas autoritarias destructivas.

La baja autoestima suele ir acompañada de sentimientos de incompetencia, inadaptación, infelicidad e, incluso, estados depresivos. Las reflexiones a solas de las personas que se infravaloran y se consideran incapaces de llevar a cabo su programa de vida suelen estar cargadas de desconfianza, inseguridad, de críticas mordaces e incluso de autodesprecio. Aunque se suele decir que es mejor estar solo que mal acompañado, creo que todos hemos vivido momentos en los que hubiera sido mejor estar mal acompañados que en compañía de uno mismo, cuando ese uno es intolerante e hipercrítico.

Siempre hay congruencia entre lo que nos decimos y cómo nos sentimos. Todos podemos identificar comentarios privados que nos hacen sentirnos competentes y otros que nos producen indefectiblemente sentimientos de culpa o fracaso. Con esto no quiero decir que no sea conveniente permitirnos cierta autocrítica razonable y sensata. De hecho, los sentimientos normales de culpa y remordimiento son útiles porque nos ayudan a examinarnos y a reconocer nuestros errores; nos empujan a disculparnos, a ver el lado ajeno y, si lo consideramos conveniente, a esforzarnos en cambiar, con el fin de ser mejores personas ante nuestros ojos y ante los demás.

Aparte de reflejar nuestra autoestima, nuestros soliloquios también tienen el poder de moldearla, fortalecerla o debilitarla a través de las observaciones y recomendaciones persuasivas que nos hacemos a nosotros mismos. Esta propiedad del lenguaje privado es relevante a la hora de identificar formas de nutrir y mantener la autoestima saludable.

Todos hemos conocido personas que vienen al mundo con una desfavorable carga genética o que crecen en un medio familiar adverso, pero que, gracias a su buen trabajo de introspección —bien por sí solas o con ayuda— y a la forma saludable de comunicarse consigo mismas, logran desarrollar una autoestima saludable y gozan de una vida gratificante y plena. Y no son pocos los que nacen en un entorno familiar muy favorable y permiten que los efectos de infortunios imprevisibles desfiguren las percepciones y opiniones que tienen de sí mismos y socaven su autoestima.

Sin duda, aprender y practicar el arte de hablarnos es de gran utilidad a la hora de fomentar sentimientos agradables, defender nuestra autoestima y protegernos del desánimo y del sentimiento de indefensión. De ahí el viejo proverbio de que, para ser felices, lo primero es estar contentos con nosotros mismos.

## EXPLICACIONES Y COMPARACIONES

La necesidad de explicárnoslo todo es tan natural como la necesidad de alimentarnos. Los seres humanos no toleramos el vacío que nos produce la falta de explicaciones. Ante cualquier suceso que nos afecta, no descansamos hasta que lo esclarecemos. Cuántas veces nos vamos a la cama cansados, después de un día de trabajo intenso, y nos encontramos diciéndonos en voz alta algo así como: «No me puedo dormir hasta que me explique por qué mi jefe me ha dicho esto... o por qué mi hija hizo aquello...». En raras ocasiones nos agarramos a la incómoda noción del misterio o la ignorancia, y nos decimos: «Mira, esto es un misterio» o «Es que soy un ignorante», y nos dejamos caer en brazos de Morfeo.

Cada uno desarrollamos nuestra forma particular de explicarnos las situaciones que vivimos. Esto es lo que el psicólogo Martin Seligman llama *estilo explicativo*. Así, cuando nuestro estilo explicativo es positivo u optimista y somos víctimas de alguna adversidad, tendemos a decirnos que se trata de un revés pasajero del que nos recuperaremos, y evitamos culparnos por lo ocurrido. Sin embargo, las personas de estilo explicativo pesimista tienden a considerar que los efectos de las desgracias son irreversibles y los daños permanentes, así que se abruman bajo el peso de la culpa. Además, recurren a razonamientos fatalistas que no permiten salida, e ignoran el papel de los imponderables o de la influencia de otros en sus infortunios. Supongamos que nuestra pareja llega a casa de muy mal humor después del trabajo. Una explicación optimista sería algo así como: «María, has debido de tener un mal día en el trabajo para que estés tan malhumorada». La explicación pesimista consideraría el enfado de María como una actitud crónica, de la que ella es culpable y de difícil solución: «Mira, María, tienes un carácter que no tiene remedio y no hay quien te aguante». Las explicaciones que nos damos modelan nuestro estado de ánimo.

Por lo general, aceptamos más fácilmente la responsabilidad por los triunfos que por los fallos. Lo normal es que asumamos los éxitos como justos, pues, cuando se nos presentan circunstancias favorables, el pensamiento positivo nos ayuda a creer que nos las merecemos. De ahí la costumbre tan extendida de atribuir nuestros éxitos a la propia competencia y nuestros fracasos a la mala suerte, o de pensar que nuestros contrincantes triunfan por suerte y pierden por su ineptitud. De esta forma, cuando le aumentan el sueldo, el empleado optimista se lo explica diciéndose: «La verdad es que no me sorprende: me lo merezco. Soy trabajador, creativo y eficaz».

Lo opuesto sería: «He tenido suerte, dudo que esto me vuelva a ocurrir». La explicación del enamorado correspondido que se dice «Comprendo que esté colada por mí porque aporto mucho a la relación» es más positiva que la del que interpreta su dicha amorosa recurriendo a «¡Menudo golpe de suerte!». No es fácil encontrar personas que, después de conseguir una meta importante o tener un éxito, se pregunten: «Dios mío, ¿qué habré hecho yo para merecer esto?». Verbalizar interiormente explicaciones ventajosas y encontrar algún aspecto positivo en los contratiempos nos ayuda a minimizar su impacto y nos protege de la autocrítica despiadada y del desánimo. Por eso, si aceptamos la responsabilidad de nuestros fallos y tropiezos, siempre conviene considerar que nos sirvieron de aprendizaje, o incluso tener presente que «no hay mal que por bien no venga».

Además de explicaciones, también utilizamos la comparación para evaluar y poner en un contexto más favorable o llevadero las cosas que nos pasan. Si contrastamos una mala situación actual con una experiencia pasada similar que conseguimos superar, nos sentiremos menos desalentados que si recurrimos a recuerdos de problemas que no pudimos arreglar y los añadimos a la decepción presente. Además, compararnos con nuestros semejantes siendo conscientes de nuestras ventajas también nos ayuda a soportar la adversidad. Y cuando nos azotan desastres naturales, si cotejamos nuestras penosas circunstancias con las de otros que resultaron más perjudicados, compensaremos nuestro disgusto. Expresiones como «Miro a mi alrededor y reconozco que por lo menos no soy el único» ayudan a soportar calamidades inesperadas. En grupos de mujeres con cáncer de mama que participan cada semana en grupos de autoayuda, las pacientes que han perdido un pecho se sienten reconfortadas al compararse con las compañeras que han sufrido una mastectomía bilateral. Y estas mujeres, a su vez, se reconfortan al contrastar su situación con aquellas cuyo tumor se ha extendido a otras partes del cuerpo. Del mismo modo, numerosos estudios demuestran que grupos socialmente marginados, como las minorías inmigrantes, mantienen un alto nivel subjetivo de satisfacción con la vida porque tienden a compararse con los miembros de su misma comunidad de inmigrantes aún más desafortunados.

Nuestra habilidad para explicarnos lo que nos ocurre y hacer comparaciones favorables con el fin de proteger nuestro equilibrio emocional y nuestra autoestima es sin duda impresionante. En realidad, es una estrategia de gran utilidad en momentos difíciles que nos hacen vulnerables: nos ayuda a neutralizar y superar una amenaza devastadora para nuestro *yo* con una explicación reconfortante o una comparación persuasiva. En el fondo, esta habilidad se apoya en la capacidad de los seres humanos para interpretar la realidad a través del filtro de la subjetividad. A mi entender, la subjetividad es una de las cualidades más genuinamente humanas. Como apunta el aforismo de Friedrich Nietzsche, las personas «interpretamos el mundo a través de nuestros deseos». «Dondequiera que ponemos los ojos, siempre vemos las cosas desde nuestro punto de vista», coincidía el escritor londinense Ashleigh Brilliant. El factor subjetividad se acepta también en el campo de las ciencias, sobre todo desde que el físico alemán Albert Einstein formuló la teoría especial de la relatividad, hace poco más de un siglo. Esta teoría transformó conceptos que se consideraban absolutos, como los del tiempo y el espacio, en fenómenos relativos, dependientes del punto de mira o lugar concreto donde se situara el observador.

En definitiva, la demostrada propensión a optar automáticamente por explicaciones y comparaciones ventajosas, por ilusorias que a veces sean, tiene como misión preservar nuestro equilibrio vital y salvaguardar nuestra autoestima en circunstancias adversas. Estos mecanismos de defensa no suelen ser maniobras premeditadas, sino que se elaboran dentro de ese sector de la mente de bordes porosos que constituye nuestro inconsciente, y se expresan con preferencia en nuestro lenguaje privado. Y es que, ante las más duras amenazas, sin una dosis de razonamientos subjetivos consoladores la vida sería insufrible.

Veamos a continuación cómo las instrucciones dirigidas a uno mismo juegan un papel esencial en las cosas que aprendemos y guardamos en la memoria, así como en la gestión de nuestro día a día, en las decisiones que tomamos y en la superación de los retos que nos ponen a prueba.

# 8

## Hablarnos para gestionar la vida

> La evidencia es indiscutible: las conversaciones contigo mismo influyen directamente en tu competencia para alcanzar lo que te propones.
>
> Anónimo

Los seres humanos disponemos de un *departamento ejecutivo*, localizado en las neuronas de los lóbulos frontales del cerebro, que se encarga de sopesar y programar nuestras decisiones con el fin de facilitar la realización de nuestros planes. Para ello controla las funciones ejecutivas, gracias a las cuales podemos analizar los mensajes que recibimos de nuestro cuerpo y del entorno, evaluar nuestros pensamientos o emociones y planificar nuestras conductas, con miras a perseguir nuestras prioridades y proteger nuestra satisfacción con la vida. Estas capacidades mentales directivas se consolidan, poco a poco, a lo largo de la infancia y la adolescencia. El lenguaje privado es el instrumento principal de comunicación de nuestro departamento ejecutivo a la hora de aprender conceptos nuevos, dirigir nuestro rumbo y superar saludablemente los desafíos que se cruzan en nuestro camino. A través de nuestros soliloquios administramos la energía de que disponemos, programamos estrategias y guiamos nuestros actos para alcanzar nuestras metas. Todo esto apunta al enorme potencial que ofrece el uso constructivo del lenguaje privado.

## Nombrar para retener, ver y funcionar

Desde los tres o cuatro años, los niños utilizan el lenguaje privado y la repetición en voz alta para grabar en su cerebro nombres de personas y cosas. Y una vez en el colegio, repiten como papagayos los tiempos de los verbos, las capitales de los países y otros datos importantes para aprendérselos «de memoria» o «de carrerilla». Y de mayores, si queremos recordar un número de teléfono que nos acaban de dar, debemos repetirlo en voz alta una y otra vez para que no se lo lleve el potente borrador automático que limpia constantemente los circuitos de la memoria.

El joven psicólogo alemán Hermann Ebbinghaus, interesado en averiguar cómo la memoria retiene información, en 1882 llevó a cabo un agotador experimento que duró tres años y en el que él mismo actuaba de investigador y de investigado. A lo largo de esos años, llegó a aprenderse listas de cientos de palabras, incluidos vocablos sin sentido. Su conclusión principal, en su día novedosa, es que retenemos mejor los nombres y conceptos que podemos pronunciar. Aprendemos con mayor facilidad si pronunciamos los nombres en voz alta, y cuantas más veces mejor.

Unos años después, el reconocido lingüista ruso Lev Vygotski señaló que, además de ser placentero, el lenguaje privado desempeña una función fundamental en el desarrollo intelectual saludable durante la infancia. En concreto, ayuda a los niños a identificar las cosas que les rodean y a comprender ideas abstractas. Los discursos y advertencias a uno mismo en la infancia son más eficaces cuando los niños se concentran en tareas de aprendizaje ellos solos. Y cuanto más difícil sea la labor o más esfuerzo requiera, más útil les resulta hablar consigo mismos. De hecho, si se les impide que se hablen a sí mismos, los pequeños muestran mayor dificultad para entender o recordar instrucciones y para realizar trabajos, tanto mentales como manuales.

«Las ideas no duran mucho, hay que hacer algo con ellas», decía Santiago Ramón y Cajal, y proponía que se llevaran a la práctica. Este ilustre médico, descubridor de las neuronas y Premio Nobel de Medicina en 1906, también subrayó la importancia del lenguaje privado en la retención de conceptos. Hoy sabemos que, si no prestamos atención a las ideas que creamos en nuestra mente o captamos del entorno, desaparecen de la memoria en pocos momentos. A veces ignoramos intencionadamente los mensajes que nos llegan, como ilustra el dicho popular «Me entra por un oído y me sale por el otro». Sin embargo, en otras ocasiones no captamos las cosas porque estamos distraídos o no dedicamos el tiempo necesario. Pero si queremos retener sensaciones, fantasías o reflexiones, hay que seguir el consejo de don Santiago y convertirlas en un relato y expresarlas en voz alta.

Nuestros monólogos en voz alta resultan muy útiles a la hora de realizar mejor muchas tareas. Además de ayudarnos a retener y recordar, decir en voz alta el nombre de un objeto facilita su localización e identificación visual. Esta conexión entre las palabras habladas y la percepción ha sido estudiada por numerosos investigadores, en especial el psicólogo Gary Lupyan. Por ejemplo, pronunciar «silla», en comparación con pensar sin más en una silla, aumenta la agudeza visual del individuo y facilita la identificación de la silla en una fotografía o pantalla llena de objetos. Estos resultados evidencian el poder de las palabras habladas para afinar el proceso visual en el cerebro.

Si antes de entrar en el supermercado nos decimos en voz alta los nombres de los artículos que vamos a comprar, los encontraremos más rápido que si no los verbalizamos y solo los pensamos. Más significativo es el hecho de que los rescatadores de supervivientes de desastres que articulan el nombre de la víctima que buscan, la encuentran antes.

Numerosos estudios demuestran la utilidad de las llamadas *autoinstrucciones,* sobre todo cuando estamos llevando a cabo un trabajo difícil o nuevo. Instruirnos interiormente mientras aprendemos nos ayuda a prestar atención, a centrarnos en lo importante y a evitar distracciones. También contribuye a que nos organicemos para programar la tarea que nos proponemos llevar a cabo y a impedir que nuestras emociones nos distraigan. Recordemos, por ejemplo, cuando estábamos aprendiendo a conducir y nos decíamos: «el pie sobre el acelerador, las manos en el volante, más lento en la curva que viene, ahora pon el intermitente...». Con el tiempo, el lenguaje interior abarca más situaciones. «Hoy voy a tener un buen día», nos animamos al despertar por la mañana de buen humor. O, por el contrario: «Me he levantado con el pie izquierdo». Antes de salir de casa nos preguntamos: «¿Se me olvida algo?», «¿Me llevo el paraguas?». También nos recordamos cosas que debemos hacer —«Acuérdate de felicitar a la abuela, que mañana es su cumpleaños»—, nos autocriticamos —«¡Has metido la pata!»—, nos perdonamos —«No ha sido para tanto... Eres humano»—, nos animamos —«Venga, adelante, hoy es tu día»—, nos tranquilizamos —«¡Cálmate!, ¡Tranquilo! No exageres»— y hasta nos reñimos, como el tenista que se abronca en voz alta después de fallar un saque.

Leí hace poco que una compañía de electrodomésticos de California consiguió aumentar la productividad de sus empleados exigiéndoles que, antes de salir de casa, repitiesen treinta veces delante del espejo: «¡Soy un tipo estupendo!». Estos trabajadores se motivaban autoelogiándose en voz alta.

Hablarnos también nos ayuda a distanciarnos emocionalmente de una situación comprometida y a controlar mejor nuestra emotividad. Por ejemplo, a la hora de ejecutar tareas estresantes como una entrevista para conseguir un trabajo. Esto se ha demostrado en estudios que miden la actividad de las áreas del cerebro que regulan las emociones. Quienes bloquean el lenguaje privado tienen más dificultad para controlarse y actúan con mayor frecuencia de forma impulsiva.

Las palabras que nos decimos también sirven para estimularnos en momentos de desaliento. De hecho, dirigirnos a nosotros mismos con expresiones de ánimo constituye una estrategia que favorece la eficacia en tareas que requieren esfuerzo y persistencia. De ahí que si impedimos a una persona los soliloquios durante ejercicios que requieren concentración y fuerza de voluntad, reducimos su capacidad para llevarlos a cabo con éxito.

## Autocontrol y lenguaje privado

Entre las funciones ejecutivas fundamentales está el autocontrol, la aptitud para frenar de forma consciente los impulsos o arrebatos, y para esperar o retrasar voluntariamente la gratificación inmediata con el fin de perseguir un objetivo superior. Gracias al autocontrol podemos desarrollar estrategias a largo plazo. A este respecto, hablarnos del modo adecuado en el momento oportuno fortifica nuestra capacidad para frenar nuestros impulsos y nos ayuda a controlar nuestro comportamiento en situaciones estresantes, lo que nos permite gestionar momentos difíciles, resolver conflictos en nuestras relaciones y mantener un estilo de vida saludable.

De pequeños nos decimos a nosotros mismos las cosas que debemos o podemos hacer y las que no, de acuerdo con las instrucciones que recibimos de los adultos. Buena muestra de ello es ese niño de tres o cuatro años que está solo en su cuarto y movido por la curiosidad se acerca a un enchufe de la pared que su madre le ha prohibido reiteradamente tocar porque es peligroso. A medida que el crío acerca su mano a la toma eléctrica, se repite en voz alta: «¡No! ¡No tocar!» Estas autoadvertencias ayudan a los pequeños a ejercer el control de sus impulsos y a incorporar en su repertorio las pautas de conducta que los adultos les enseñan.

En la infancia aprendemos también que hablarnos en voz alta en la oscuridad no solo disminuye el miedo que sentimos, sino que incluso puede ayudarnos a encontrar la salida y en consecuencia la luz. Unas palabras de apoyo y un consejo en voz alta nos distancian de la amenaza que nos abruma y nos permiten tomar decisiones constructivas. Además, el lenguaje privado refuerza nuestra capacidad para mantener la atención en lo que es importante y no distraernos.

El control de los impulsos es una cualidad fundamental para vivir y convivir desde la infancia. La capacidad de controlarnos es esencial para las relaciones sociales y el progreso de la humanidad, ya que sin ella ciertas actitudes y conductas positivas de la vida, como el ahorro, el estilo de vida saludable o la resolución pacífica de los conflictos, serían imposibles. Nuestra capacidad ejecutiva incluye una parte «caliente», intensa y emocional, y otra «fría», racional y calculadora. Está demostrado que las personas a las que se les bloquea artificialmente la voz o la capacidad de pronunciar las palabras pierden la facultad de llevar a cabo tareas que requieren la regulación de los impulsos o la toma de decisiones, y exhiben conductas impulsivas.

El autocontrol requiere motivación y fuerza de voluntad. Llevar las riendas de nuestra impulsividad consume energía mental, y esta energía tiene un límite. Esto explica que, bajo circunstancias extremas, las personas cedan, se rindan o se dejen llevar por sus pasiones.

Todos nos enfrentamos a diario a una gran variedad de tentaciones. A menudo es conveniente posponer la gratificación inmediata con el propósito de conservar relaciones, evitar complicaciones y programar metas a largo plazo. Son muchas las investigaciones que demuestran que los soliloquios pueden convertirse en una herramienta esencial para regular nuestros impulsos y tomar decisiones en situaciones comprometidas. Nuestros monólogos privados nos ayudan a autorregularnos, al aconsejarnos cómo actuar en un momento dado o qué situaciones buscar o evitar. Este es el caso de las expresiones de aliento que nos decimos en el gimnasio para no tirar la toalla («¡Sigue! ¡No te rajes! ¡Esto es bueno para ti!») y de las recomendaciones para evitar el enfrentamiento en situaciones conflictivas («¡Cuenta hasta diez!»).

Resistir tentaciones es una capacidad única de nuestra especie y el lenguaje privado es el instrumento fundamental que nos permite gestionarla. Nos repetimos continuamente mensajes con la intención de controlarnos, ya sea para seguir corriendo cuando estamos cansados, para parar de comer, aunque nos apetezca una porción más, para decir «No, gracias» a la próxima copa o para contenernos y evitar explotar en una discusión acalorada.

En ciertas circunstancias de peligro, el miedo resulta a veces tan abrumador que se convierte en pánico. En estas situaciones de emergencia, hablarnos en alto nos ayuda a neutralizar el intenso pavor que sentimos y puede incluso salvarnos la vida. El pánico es una emoción apabullante, una mezcla de terror e indefensión ante una amenaza real o imaginaria, que perturba el juicio y nos incapacita para responder con eficacia a los sucesos que ponen en riesgo nuestra vida. Funciones ejecutivas fundamentales como el autocontrol y la capacidad de analizar la situación de un modo racional quedan inhabilitadas por el pánico, que consume en pocos minutos nuestra energía y obnubila nuestra capacidad de discurrir con sensatez. Ante cualquier situación de peligro, quienes se hablan a sí mismos para tranquilizarse y planear cómo salir del trance experimentan menos miedo y tienen más probabilidades de sobrevivir. Este es el caso de esos bañistas que alguna vez se ven arrastrados mar adentro por alguna corriente traicionera y, sin embargo, logran superar el peligro. Muchos recuerdan que su primera reacción fue nadar con todas sus fuerzas contra la corriente que los alejaba inexorablemente de la playa, pese a que ni los mejores nadadores pueden resistirse a la fuerza del mar. En esos momentos cruciales, lo que de verdad salvó su vida fue hablarse en voz alta hasta persuadirse de que lo mejor era dejarse llevar por la corriente y nadar poco a poco en paralelo a la playa, hasta lograr salir del agua que los arrastraba. Escuchar la voz de nuestro sentido común y los consejos de la propia intuición y razonamiento nos ayuda a tomar medidas protectoras eficaces para salir airosos de situaciones peligrosas e, incluso, salvar el pellejo.

Sin duda, las conversaciones conmigo mismo me han servido en numerosas ocasiones para enfocar la atención, regular los impulsos, analizar las opciones y guiar mis decisiones, sobre todo en circunstancias complicadas e intensas que ponían a prueba mi estabilidad emocional, como las que viví la soleada mañana del martes 11 de septiembre de 2001. Me encontraba en el despacho de la Corporación de Sanidad y Hospitales Públicos de Nueva York cuando me llamaron para que me presentara urgentemente en el Centro de Control de Emergencias, ubicado a 150 metros escasos de las Torres Gemelas. Gracias a la destreza de Víctor Ortiz, mi experto chófer, y a las luces rojas y a la sirena del coche oficial, llegamos en menos de cinco minutos. Allí me encontré con Thomas von Essen, el delegado del servicio de bomberos, quien me pidió que le acompañara al puesto de mando provisional instalado bajo las Torres. Mientras caminábamos a toda prisa hacia el puesto, yo contemplaba estremecido las enormes brechas en la parte alta de las Torres, de las que brotaban negras columnas de humo y llamas. Abrumado, una parte de mí, intuyendo el peligro, me imploraba que buscase cualquier excusa y me fuese de allí. «¿Qué demonios pinta un psiquiatra en medio de todo esto?», me cuestionaba implacable una voz espontánea interna. «No tienes ningún derecho a arriesgar a Víctor, un padre de familia...», insistía. Pero al mismo tiempo, la voz de mi *yo* más disciplinado se batía a la defensiva con estas palabras: «Tu presencia aquí es importante. La proximidad al suceso te permitirá transmitir información fiable a los hospitales para que se preparen... y quizá salvar vidas». En medio de este intenso diálogo interior, otra voz privada salió al paso para tranquilizarme: «Mira, tienes la suerte de estar con Thomas, uno de los mayores expertos en incendios del mundo». La conclusión de este acalorado soliloquio fue que me quedé allí. Entre paréntesis os contaré que Víctor y yo salimos con vida de aquella catástrofe gracias a que cuando intenté hablar urgentemente con el hospital más cercano para avisar de lo que estaba ocurriendo, mi móvil no funcionaba, y un desconocido se ofreció a acompañarme a un edificio cercano para que pudiese llamar desde un teléfono fijo. Pocos minutos después, mientras hablaba con el director del hospital Bellevue, se derrumbó la primera Torre, y aplastó a los bomberos con los que había estado en el puesto de mando apenas minutos antes. Y es que hay experiencias en la vida que son maestras muy duras: primero te someten al examen final y después te enseñan la lección.

En definitiva, hablarse a uno mismo nos hace más eficaces, pues no solo alivia el temor y estimula la confianza en nuestra capacidad para llevar a cabo el trabajo en cuestión, sino que además facilita el autocontrol y la toma de decisiones en situaciones de prueba. Por eso, la mayoría de las personas que se paran a pensar en el papel que juegan sus conversaciones privadas reconocen su utilidad a la hora de regular su conducta, y muchos llegan a considerarlas indispensables para convivir en armonía y para dirigir de un modo razonable su programa de vida.

## MENSAJES QUE SUSTENTAN LA RESILIENCIA

La resiliencia humana es un atributo natural para la supervivencia que consiste en la mezcla de resistencia y flexibilidad, los dos ingredientes fundamentales que nos ayudan a encajar y superar los cambios o adversidades, a adaptarnos y a reinventarnos. Ya nos lo recordó Charles Darwin en *El origen de las especies* (1859): «No son los más fuertes ni los más inteligentes de la especie los que sobreviven; sobreviven los más flexibles y adaptables».

La resiliencia se sustenta en varios pilares que se complementan entre sí. En todos ellos el lenguaje desempeña una función principal, empezando por los que ya he mencionado: la autoestima positiva, la tendencia a explicar los sucesos que nos afectan considerando sus aspectos más favorables, y las funciones ejecutivas personales, como el autocontrol o la aptitud de regular los impulsos y emociones. A continuación, trataré el papel del lenguaje privado en la localización del centro de control en uno mismo, en fomentar la esperanza y los pensamientos positivos, y en avivar la conciencia de los motivos personales que dan significado a la propia vida, incluyendo las conexiones afectivas con otras personas.

Un mensaje privado especialmente útil que facilita la superación de adversidades es el que sitúa el centro de control dentro de uno mismo en lugar de desplazarlo a fuerzas externas.

Al hacer frente a cualquier amenaza, quienes se autoconvencen de que dominan las circunstancias o de que el resultado está en sus manos resisten mejor la adversidad que quienes están convencidos de que no controlan la situación o de que sus decisiones no cuentan, por lo que ponen sus esperanzas en fuerzas externas como el destino o la suerte y se dejan llevar por el conocido «Que sea lo que Dios quiera». Los primeros se sienten protagonistas y actúan con determinación, mientras que los segundos tienden a considerarse espectadores de los acontecimientos, reaccionan con pasividad e incluso se resignan a su suerte. Como esos boxeadores que se persignan antes del combate... Por muchas señales de la cruz que hagan, de poco les servirá si no utilizan su fuerza y sus técnicas al enfrentarse al adversario.

En mis años de práctica hospitalaria he comprobado que los pacientes que se declaran capitanes de su barco y se convencen de que el rumbo está en sus manos luchan con más fuerza contra los males que los afligen que aquellos que se persuaden de que la solución de sus problemas está fuera de ellos y nada de lo que hagan importa.

Las personas que evocan con palabras los retos pasados que superaron tienden a confiar en sus posibilidades de superar los retos presentes. Sus éxitos pasados les van a servir de estímulo para no tirar la toalla; «Lo lograste en la última prueba y lo lograrás también en esta». Por el contrario, si el recuerdo que evocan es de una situación desfavorable en la que fracasaron, el mensaje que se dan es de desconfianza. Y una vez que superan o esquivan el percance, la explicación «Me salvé del accidente porque soy un buen conductor» es más reconfortante que «¡No me maté porque Dios no quiso!».

La creencia de que ocurrirá lo que deseamos es la esencia del pensamiento positivo. Las personas esperanzadas que se dicen que les van a ir bien las cosas se predisponen a que así sea y tienen más probabilidades de conseguir su objetivo que las de óptica pesimista que esperan que les vayan mal. El lenguaje esperanzador fomenta el «Sí, puedo», «Tengo lo que hace falta para lograrlo», expresiones que nutren la fuerza de voluntad y la diligencia para dar los pasos necesarios y conseguir el objetivo. Ante las calamidades o enfermedades, es normal buscar el apoyo de seres queridos y las promesas de alivio de los expertos del mal que nos aqueja. Sin embargo, para la mayoría de las personas, los mensajes más reconfortantes proceden de sus propias voces internas. Son sus palabras esperanzadoras las que con mayor eficacia les protegen del fatalismo y la indefensión.

Un elemento necesario de la resiliencia humana es la conexión afectiva con los demás, aunque solo sea con una persona. Aquellos individuos que sienten una vinculación genuina hacia otros superan los escollos que les plantea la vida mejor que quienes no cuentan con la atención y el afecto de algún semejante. La predisposición natural a conectarnos también alimenta el motor de la supervivencia. Estoy convencido de que la base primordial en la que se apoya nuestra capacidad para afrontar fuerzas adversas es nuestra extraordinaria capacidad para comunicarnos y convivir conectados afectivamente con otras personas.

En tiempos peligrosos, inciertos o de sufrimiento, cuestiones sobre el sentido de la vida irrumpen con fuerza en nuestro escenario del lenguaje privado. Y cuanto más espinosas son las circunstancias y más amenazan nuestra estabilidad física o emocional, más acuciantes se hacen estas preguntas y más relevantes las respuestas que nos damos. Nos parece que, si pudiéramos expresar la auténtica finalidad de la vida, comprenderíamos mejor el duro trance que afrontamos y aumentaríamos las posibilidades de superarlo.

Entre los hombres y mujeres que he visto personalmente luchar a brazo partido para vencer males terribles o sobrevivir, son contados los que a la hora de darse a sí mismos las razones para vivir expresaron motivaciones abstractas o difíciles de comprender. La inmensa mayoría de estos luchadores utilizan argumentos concretos, claros y sencillos para justificar su lucha y no tirar la toalla. Concretamente, en sus respuestas a la pregunta «¿Y cuáles son tus motivos para vivir?», las razones que citan con mayor frecuencia son el amor a personas importantes en su vida, poder llevar a término una misión o proyecto que consideran esencial, la determinación honorable de no rendirse y, como es natural, el miedo a la muerte. Como apunta con agudeza la frase de Nietzsche, «Quien tiene un porqué para vivir puede soportar casi cualquier cómo vivir».

En definitiva, estos diálogos interiores estimulantes y positivos no están reñidos con la percepción de los riesgos de una situación peligrosa, pero sí lo están con la pasividad y la desconfianza a la hora de afrontarlos. Su principal ventaja es que facilitan la resistencia al sufrimiento físico y al decaimiento mental, y fortalecen la capacidad para superar la adversidad.

## EL LENGUAJE DE LOS DEPORTISTAS

El lenguaje privado de los grandes deportistas es el mejor ejemplo de soliloquios programados para nutrir la resistencia y flexibilidad que componen la resiliencia. El objetivo de sus monólogos es mantener en todo momento un alto nivel de autoestima y una indestructible perspectiva optimista. Ambas cualidades mentales se encargan de alimentar la confianza en sí mismos y la firme expectativa de triunfo.

El optimismo es un ingrediente importante en los atletas competidores. De hecho, en las mismas condiciones físicas, los deportistas de talante optimista se llevan la victoria porque ponen más esfuerzo en ganar la competición, sobre todo en circunstancias difíciles o de desventaja. Aparte del mensaje esperanzador, las palabras estimulantes que se dicen a sí mismos minimizan la percepción del esfuerzo que realizan y neutralizan la sensación de agotamiento. Esto lo saben muy bien los deportistas de fondo.

En deportes de equipo como el baloncesto y el futbol, las expresiones de ánimo a uno mismo que llegan a oídos de otros miembros del equipo tienen un impacto añadido, pues estas voces optimistas en situaciones competitivas intimidan al contrincante. Está demostrado que los jugadores de equipos ganadores se hablan a sí mismos y se animan en voz alta con más frecuencia que los perdedores.

Otro objetivo del habla de estos atletas es recordarse que el triunfo está en sus manos, que depende de ellos y de sus buenas condiciones físicas y mentales, en vez de recurrir a la suerte o a la casualidad. En efecto, la misión del *departamento ejecutivo* de los deportistas durante las competiciones es sustentar la autodisciplina, tomar decisiones estratégicas, mantener una motivación infinita para competir y triunfar con independencia de los obstáculos que surjan en el camino.

Además, los diálogos consigo mismos les sirven para darse instrucciones sobre qué hacer en momentos difíciles o inesperados de la competición, como cuando pierden puntos. Sin ir más lejos, los tenistas y sus entrenadores saben que es muy importante desarrollar un buen diálogo privado entre punto y punto para controlar las emociones, concentrarse y anticipar mejor la próxima jugada. Antes de servir o de recibir un servicio, los tenistas de élite se hablan para decirse lo que tienen que hacer con expresiones como «Sigue la pelota», «Mira, está distraído, ahora es el momento», o para motivarse diciéndose «¡Lo conseguirás!», «¡Tú puedes!».

Varios estudios demuestran que los atletas que participan en los juegos olímpicos se hablan a sí mismos durante las prácticas y las competiciones más que aquellos que no cualifican para los juegos. Sus entrenadores a menudo los acostumbran a hacerlo antes de cada prueba, recomendándoles que se preparen antes del encuentro diciéndose en alto expresiones positivas o instructivas como «¡Eres el mejor!» o «Cuenta tres antes de sacar». Lo más importante es evitar pronunciar palabras negativas o desalentadoras.

Los ciclistas, corredores de fondo y otros profesionales del deporte se hablan en privado, sobre todo cuando van llegando al final del ejercicio y el deseo de abandonar es más fuerte. He conocido a muchos que se repiten a sí mismos, en versiones diferentes, «El dolor es temporal, el orgullo es para siempre», una idea atribuida al campeón de triatlón Dave

Scott. Saben que la decisión de renunciar puede ser pospuesta por el efecto de comentarios de ánimo hacia sí mismos, comentarios que no solo nutren la motivación, sino que también ayudan a regular el esfuerzo y a aumentar el rendimiento. Lo importante y lo que diferencia a los ganadores no es solo lo que se dicen a sí mismos, sino cómo reaccionan o responden a lo que se dicen.

El novelista japonés Haruki Murakami, en su libro *De qué hablo cuando hablo de correr*, describe de un modo inmejorable la utilidad de los monólogos a la hora de participar en maratones, sobre todo el uso de mantras. Estas palabras o frases en prosa o verso, que se repiten de forma monótona para uno mismo, por lo general en voz baja, sirven para facilitar la concentración mental en una idea, un lema o en un estado de meditación. Al centrarse en la repetición del mantra, la mente de la persona se protege de preocupaciones o temores que interfieren con la motivación. Los mantras proceden del budismo y el hinduismo y su uso original era para facilitar las experiencias espirituales. Estos mensajes repetitivos utilizan los mismos canales subliminales que la música.

Para Murakami, repetirse machaconamente y en alto «Soy una máquina, no necesito sentir nada, solo avanzar...» era todo lo que necesitaba para mantenerse en piloto automático, no distraerse con pensamientos y llegar a la meta. Cuenta incluso que una frase muy útil que se repiten a sí mismos muchos maratonianos es «El dolor es inevitable; el sufrimiento, opcional». También explica que memorizar un discurso o una poesía mientras uno corre largas distancias es una tarea muy efectiva, y si pronunciamos las palabras al ritmo de nuestro paso, mucho mejor.

Si observamos a corredores de fondo durante las competiciones —cada día más populares— en las calles y parques de las ciudades, resulta curioso advertir que todos llevan una expresión seria, pensativa, como con la mente concentrada en algo significativo o incluso grave. La sonrisa no está presente en las caras de estos competidores, excepto quizá cuando se encuentran inesperadamente con un amigo o un familiar entre los espectadores o cuando recurren a un amago de sonrisa forzada ante la posibilidad de ser captados por alguna cámara al cruzar la meta.

En el capítulo que sigue exploraremos el uso de las palabras en conversaciones terapéuticas con el fin de aliviar o curar el sufrimiento emocional causado por trastornos mentales, resolver conflictos en las relaciones afectivas —sean de pareja o familiares—, atajar dificultades en el trabajo, superar desgracias o esclarecer cuestiones existenciales.

# 9

## Terapias de conversación y de grito

A lo largo de la historia humana, nuestros más grandes líderes y pensadores han usado el poder de las palabras para transformar nuestras emociones, para alistarnos en sus causas y para dar forma al curso del destino. Las palabras no solo crean emociones, también crean acciones. Y de nuestras acciones fluyen los resultados de nuestra vida.

TONY ROBBINS, 2000

Todos hemos tenido la oportunidad de comprobar el desahogo emocional que nos produce verbalizar y compartir las dificultades y preocupaciones que nos abruman. Esto explica la abundancia de personas que cuentan incluso los detalles más delicados de su existencia a familiares, amigos, compañeros de trabajo y hasta a esos desconocidos que la fortuna coloca a su lado, en la barra de cualquier bar. Igual de propicios a las confidencias son los viajes en avión, tren, autobús y hasta en taxi, cuando infinidad de personas revelan información íntima a esos compañeros fortuitos que nunca habían visto antes y que probablemente nunca volverán a ver.

Como señala Haruki Murakami, «¿Qué pasa cuando la

gente abre sus corazones? Mejoran». Al hablar organizamos nuestros pensamientos, estructuramos y damos argumento a experiencias confusas y validamos nuestras emociones. Y, como ya sabemos, al describir en voz alta lo que nos estresa, reducimos su intensidad emocional y minimizamos la posibilidad de que se entierre en nuestro inconsciente. Al mismo tiempo, nos beneficiamos del apoyo solidario que podamos recibir por parte de quienes nos escuchan. Está demostrado que hablar fortalece el sistema inmunológico, encargado de gestionar nuestras defensas, y vigoriza la capacidad para adaptarnos a los cambios. De hecho, cuanto más positivas y habladoras son las mujeres embarazadas durante el tercer trimestre de gestación, menos probabilidades tienen de deprimirse después del parto. Del mismo modo, la participación semanal en grupos de apoyo psicológico está relacionada con una mejor calidad de vida en pacientes que sufren enfermedades crónicas como psoriasis, asma, artritis y ciertos tumores malignos.

La predisposición para abrirnos y hablar sobre nosotros mismos no solo depende de los interlocutores que nos escuchan sino también de nuestro estado de ánimo, de cómo nos sintamos en ese momento. En el cerebro, las zonas encargadas de regular las emociones también determinan lo que hacemos con nuestros pensamientos. No es posible tratar sobre los efectos saludables del habla sin incluir el poder terapéutico de la conversación. A fin de cuentas, en todas las modalidades de psicoterapia, la buena comunicación y las palabras que intercambian pacientes y terapeutas son el instrumento curativo indispensable, algo así como las pinzas y el bisturí en las manos expertas del cirujano en el quirófano.

La psicoterapia viene de lejos. En las sociedades primitivas, el rito terapéutico era dirigido por chamanes o hechiceros que intentaban expulsar espíritus malignos del cuerpo de la víctima mediante conjuros psicológicos. Durante siglos, las raíces de la psicoterapia se nutrieron del lenguaje de la filosofía y la religión: la filosofía enfocaba el análisis racional de la existencia humana, mientras que la religión se basaba en revelaciones divinas. En la Antigua Grecia se empezó a desarrollar una mezcla de medicina y psicología, o lo que Platón llamaba «el uso de palabras persuasivas con fines terapéuticos». En las academias de entonces se cultivaban estilos de vida saludables y estados de armonía emocional con la ayuda de ejercicios verbales de autocontrol y la guía de tutores que aconsejaban cómo llevar una vida tranquila y feliz.

En el siglo xix brotó el interés por tratar ciertos trastornos, como la histeria, con sesiones hipnóticas en las que se animaba a los pacientes a hablar sobre los incidentes relacionados con sus síntomas. Poco después Sigmund Freud creó el psicoanálisis, y persuadía a sus pacientes a hablar sin ninguna inhibición sobre su vida, incluida la sexualidad, los sueños y en especial sobre las experiencias traumáticas enterradas en el inconsciente. En el siglo xx florecieron numerosas formas de psicoterapia basadas en la relación terapeuta-paciente y en la transmisión de empatía, autenticidad y aceptación por parte del terapeuta. También se establecieron conversaciones terapéuticas para modificar conductas problemáticas aprendidas.

Tradicionalmente, la psicoterapia era un proceso largo que a menudo implicaba años de tratamiento. Hoy, son múltiples las modalidades de psicoterapia breve diseñadas para ayudar a las personas a enfrentar problemas específicos.

Está de sobra demostrado que la psicoterapia ayuda a personas de cualquier edad que sufren de una gran variedad de trastornos emocionales y encuentran dificultades para gestionar saludablemente su vida. Puede llevarse a cabo de forma individual, familiar, en pareja o en grupo. Entre los problemas más frecuentes que se abordan en psicoterapia destacan la ansiedad, los estados depresivos, el estrés postraumático, las relaciones conflictivas, la inadaptación a los cambios, los efectos de las adversidades y pérdidas de seres queridos, las adicciones y los trastornos de la personalidad.

El tratamiento de condiciones patológicas no es el único ámbito en que se aplica la psicoterapia, pues cada día son más los hombres y mujeres que acuden a terapeutas para abordar dilemas existenciales, aclarar dudas vocacionales, resolver desavenencias familiares o mitigar estados de descontento. Hoy por hoy la psicoterapia se ha convertido en un método eficaz para abordar muchos de los conflictos y problemas personales típicos de nuestro tiempo, que socavan nuestra satisfacción con la vida. La mayoría de quienes la reciben experimentan alivio de sus síntomas, restauran su autoestima y su bienestar emocional, y se sienten en mejores condiciones para gestionar y disfrutar su día a día. Asimismo, se ha demostrado que la psicoterapia da lugar a cambios cerebrales positivos, sobre todo en los centros neuronales encargados de regular las ideas, las emociones y los comportamientos.

Es evidente que existe un abismo entre la aceptación generalizada del tratamiento psicológico que predomina en la actualidad y el estigma que hace tan solo unas décadas conllevaba reconocer una enfermedad mental o, incluso, la mera debilidad de carácter o el fracaso personal. Un reflejo tangible de esta aceptación es el aumento espectacular en el número de profesionales dedicados a la salud mental en los países occidentales. En Estados Unidos hay aproximadamente 12 psiquiatras por cada 100.000 habitantes, a los que se suman 40 psicólogos y consejeros matrimoniales para la misma proporción. En Europa, el número de profesionales de la salud mental varía mucho de un país a otro. Suiza, por ejemplo, está a la cabeza con una media de 45 psiquiatras por cada 100.000 habitantes, frente a los 22 en Francia, 21 en Alemania y 20 en Gran Bretaña. España, Portugal, Eslovenia y Hungría tienen una media de 11. En cuanto a psicólogos, también hay una amplia variabilidad entre los países, aunque la media en la Unión Europea se sitúa ya en 18 por cada 100.000 habitantes.

Dependiendo del problema y de la orientación psicológica del profesional, la conversación terapéutica se concentra en diferentes aspectos del mundo del paciente. Por ejemplo, la psicoterapia cognitiva se centra principalmente en su forma de pensar y en las conductas que emanan de ella, que interfieren con su bienestar, con sus relaciones o con su capacidad para establecer un programa de vida satisfactorio. El objetivo de este diálogo es ayudar al paciente a reconocer y cambiar aquellos pensamientos negativos o comportamientos perjudiciales que contribuyen a su ansiedad o depresión. Otra forma de terapia enfoca la esfera interpersonal del paciente y las relaciones problemáticas en su vida privada, social o laboral. La prioridad en este caso es identificar las raíces de los problemas y ayudar al paciente a asumir la responsabilidad y a abandonar actitudes o comportamientos que dañan sus relaciones con los demás. En cuanto a la terapia de orientación psicodinámica, la meta es explorar y analizar en particular las emociones dolorosas y las conductas enfermizas motivadas por experiencias infantiles, más o menos reprimidas en el inconsciente. Los efectos curativos de recordar, describir con palabras y compartir con un profesional las ideas, los sentimientos y las imágenes de experiencias dolorosas o traumáticas fueron reconocidos ya en el siglo xix.

Los seres humanos a menudo utilizamos el silencio y el olvido con el fin de enterrar en el inconsciente las experiencias amargas. El problema es que el silencio a largo plazo contribuye a reprimir y enquistar en la mente esas vivencias dolorosas y a convertirlas en focos crónicos de estrés y angustia. Además, al ocultar o ignorar cómo nos sentimos, nos aislamos y distanciamos de los demás precisamente cuando más necesitamos desahogarnos y recibir apoyo. Cuando verbalizamos sucesos penosos del pasado, los evocamos y revivimos casi como si estuvieran ocurriendo en el presente, pero a medida que los narramos van perdiendo intensidad emocional. Por esta razón, expresar experiencias dolorosas, pese a que en un inicio nos produzca ansiedad o tristeza, con el tiempo nos ayuda a convertirlas en recuerdos más comprensibles y llevaderos, y minimiza la posibilidad de que se entierren en nuestra memoria emocional: es en ella donde se guardan las emociones que nos conmocionan, pero sin narrativa. En la memoria emocional se conservan con toda su intensidad, aunque sin palabras, las escenas abrumadoras que presenciamos, los sonidos y las sensaciones corporales que nos invadieron. Por eso es tan importante que las víctimas de traumas manifiesten con palabras la experiencia vivida para que, de esta forma, un fragmento muy penoso de su vida pueda incorporarse al resto de su historia personal.

Por estas mismas razones, es conveniente animar a los niños que han sido testigos de desastres, o de situaciones aterradoras o violentas, a contar sus miedos o a representarlos en juegos con muñecos. Mientras se los escucha, es beneficioso responder a sus preguntas y asegurarles que cuentan con el amparo de sus padres o de los adultos con los que conviven.

Al tratar el tema de la catarsis, ese proceso mediante el cual la persona desbloquea y verbaliza experiencias traumáticas del pasado reprimidas en el inconsciente, no puedo evitar hacer mención de la *terapia del grito primario*, utilizada para curar los efectos de traumas psicológicos, que se hizo muy popular durante la década de los setenta, cuando me encontraba inmerso de lleno en mi formación. Creada por el psicólogo Arthur Janov, esta terapia —hoy en desuso— se basa en el efecto liberador o «purificador» de expresar, de forma desinhibida y a gritos, los intensos sentimientos vinculados con traumas pasados. De acuerdo con Janov, manifestar gritando los sentimientos dolorosos de estos traumas permitía su catarsis y resolución.

En aquellos años, la terapia del grito sirvió de inspiración a muchas figuras de la cultura popular, incluyendo al cantante y compositor John Lennon, al actor James Earl Jones, al pianista Roger Williams y hasta al celebérrimo fundador de Apple, Steve Jobs. Todos participaron en la psicoterapia del grito primario de la mano del mismísimo Arthur Janov, y se convirtieron en sus principales defensores. Así, John Lennon y su mujer, Yoko Ono, expresaron a gritos sus traumas infantiles, se liberaron y plasmaron su angustia en sus composiciones, como las grabadas en el álbum *Plastic Ono Band*. En la música austera de estas canciones, el único instrumento que sobresale son los gritos de Lennon. Concretamente, en la canción «Ma-

dre», que según él decía «estaba instalada en mi cabeza», grita-
ba angustiado a sus padres por haberle abandonado en su in-
fancia. Lennon lamenta la pérdida de su padre, marino
mercante, que se ausentó cuando era niño, y de su madre, que
murió atropellada por un conductor ebrio, cuando él tenía
diecisiete años. Sus angustiosos lamentos reflejan su dolor de
niño. En la letra de esta conmovedora canción, Lennon repite
una y otra vez, con gritos desgarradores:

> *Mother, you had me,*
> *But I never had you.*
> *I wanted you,*
> *But you didn't want me.*
>
> *[...]*
>
> *Father, you left me,*
> *But I never left you.*
> *I needed you,*
> *But you didn't need me.*
>
> *[...]*
>
> *Mama don't go!*
> *Daddy come home!*
> *Mama don't go!*
> *Daddy come home!*\*

---

\* [Madre, tú me tuviste,/pero yo nunca te tuve./Yo te quería,/pero tú
no me querías. [...] Padre, tú me dejaste,/pero yo nunca te dejé./Yo te
necesitaba,/pero tú no me necesitabas. [...] ¡Mamá no te vayas!/¡Papá ven
a casa!/¡Mamá no te vayas!/¡Papá ven a casa!]

Todas las formas de psicoterapia conversacional se basan en una visión positiva del ser humano y de su capacidad para cambiar, con el objetivo de mejorar su bienestar emocional, su creatividad y su satisfacción con la vida. A través de la conversación, la psicoterapia nos empuja a conocernos mejor, a identificar las verdaderas motivaciones de nuestros actos y a aceptar la responsabilidad por nuestras decisiones. Al mismo tiempo, nos ayuda a encontrar explicaciones a nuestros comportamientos y a las experiencias que vivimos, lo que fomenta en nosotros la seguridad, la autoestima y la autonomía. Independientemente de la orientación teórica psicológica, implícitos en la misión de la psicoterapia yacen los principios de la introspección, la racionalidad, la disciplina y la importancia de dar significado y sentido a las cosas. En otras palabras, los viejos valores socráticos de «¡Conócete a ti mismo!» y «¡La verdad te hará libre!».

En el próximo capítulo analizaré la relación entre hablar y la esperanza de vida. Específicamente, me refiero a la influencia de la acción de hablar, tanto para comunicarnos con otros como para hablarnos a nosotros mismos, sobre la cantidad de años que vivimos. Como es obvio, se trata de un tema significativo. En el camino, identificaré la personalidad de la longevidad o los rasgos de la manera de ser que se asocian a una larga vida en hombres y mujeres, pequeños y mayores. Por ejemplo, el papel que juegan los niveles de extroversión e introversión, así como la perspectiva optimista, la conciencia y la estabilidad emocional. También examinaré el hecho matemático de que en cada etapa de la vida mueren de forma prematura más hombres que mujeres, y la posible relación de este dato con el habla.

# 10

## Hablar y esperanza de vida

No sé de nada en el mundo que tenga tanto poder
como una palabra.

EMILY DICKINSON, 1861

El número de años que vivimos depende de muchos factores, desde nuestro equipaje genético hasta nuestra personalidad, pasando por el estilo de vida, que incluye los hábitos o costumbres, la alimentación, el grado de educación, las condiciones sanitarias, la ocupación, el nivel de estrés o las circunstancias sociales y políticas del momento. Como cabe imaginar, en los países económicamente avanzados, la esperanza de vida —el promedio de años que vive la población— es mayor que en los más pobres, y en las naciones pacíficas es mayor que en las más belicosas, donde los habitantes sufren una alta tasa de mortalidad. Hablar con otros y con nosotros mismos ejerce una influencia muy positiva en la esperanza de vida. Pero antes de analizar esta relación, es conveniente reconocer que nunca hemos vivido tanto ni con tanta salud como ahora. Debido al progreso, en el más amplio sentido de la palabra, y a la natural mejora de los genes humanos, en los países de Occidente, el 80 por ciento de la población mayor de setenta años goza de buena salud y lleva una vida activa y autosuficiente. Hoy, cumplir cien años en buen estado ya no se considera noticia, pues en 2015 el mundo era ya el hogar de medio millón de personas centenarias, un número que no ha dejado de crecer. En Japón, el país con mayor esperanza de vida del planeta, residen en la actualidad cerca de 70.000 centenarios y, de ellos, un 87 por ciento son mujeres. En España, en 2016 eran 14.487, la gran mayoría también mujeres, según los datos del Instituto Nacional de Estadística, y continúan aumentando.

En 1990 participé en un interesante proyecto sobre el proceso natural de envejecimiento como parte de un programa para personas mayores patrocinado por la Fundación La Caixa. La primera conclusión fue que aprender a adaptarnos saludablemente a los efectos del paso de los años es, con toda seguridad, una inversión provechosa. Para lograrlo es importante informarnos sobre los factores que favorecen la longevidad saludable, y aplicar una dosis de entusiasmo y autodisciplina a la hora de practicar las actitudes y actividades que nos ayudan a renovarnos y a mantener la vitalidad. Sin duda alguna, una actividad de probada eficacia es vivir con las alas de la locuacidad.

La persona oficialmente más longeva del planeta de todos los tiempos falleció en 1997, a la edad de 122 años. Jeanne Louise Calment había nacido en la ciudad francesa de Arles, en febrero de 1875, y suscitó una gran curiosidad entre los investigadores por su dilatada y vigorosa vida. Si bien cada uno achacaba tan extraordinaria longevidad a una causa diferente —desde la dieta de un kilo de chocolate a la semana hasta el cuidado de su piel con aceite de oliva, pasando por su pasión por montar en bicicleta hasta cumplir cien años—, a todos nos llamaba la atención su reconocida jovialidad y su personalidad sociable y locuaz. Tres lustros después, en junio de 2013, fallecía el japonés Jiroemon Kimura, que alcanzó la edad de 116 años y 54 días. Jiroemon fue en su momento el hombre más anciano vivo; tuvo 7 hijos, 15 nietos, 25 bisnietos y 14 tataranietos. Residía en Kioto, con la viuda de su hijo mayor y su nieto de sesenta años. Se mantenía con buena salud y muy activo. Trabajó en una oficina de correos durante más de cuatro décadas y, tras jubilarse, se dedicó a laborar en el campo hasta los noventa años. Según sus biógrafos, era extraordinariamente frugal con la comida. Hombre cordial, de talante alegre y visión optimista, se levantaba temprano por las mañanas, leía el periódico con una lupa, seguía los debates parlamentarios por televisión y, sobre todo, disfrutaba charlando con sus familiares, vecinos y visitantes. Jeanne Calment y Jiroemon Kimura representan la coincidencia de la personalidad afable y habladora con la longevidad saludable. Sus vidas apoyan la idea popular de que las personas de trato fácil, conversadoras, flexibles, optimistas, amables y de sonrisa natural viven más.

En efecto, varios estudios realizados sobre personas centenarias demuestran que, además de ser habladoras, cordiales y sociables, también muestran una actitud positiva ante la vida. Están dotadas de un temperamento estable, manejan bien las situaciones tensas, y son razonables y eficaces a la hora de decidir y comportarse. Precisamente estos son los atributos que facilitan la adaptación a los cambios y la superación de las inevitables adversidades que nos impone la vida con el paso de los años, entre ellas las enfermedades y las pérdidas de seres queridos.

## Personalidad de la longevidad

Nuestros antepasados intuían que la manera de ser y la esperanza de vida estaban ligadas, y no andaban muy descaminados, pues numerosos estudios sugieren hoy que la personalidad es uno de los factores que más influyen en el número de años que vivimos. Por ello, actualmente son muchos los que se dedican a investigar en qué consiste la *personalidad de la longevidad*.

El estudio de la personalidad, o forma de ser, se lleva a cabo conversando con la persona en cuestión, preguntando, observando sus actitudes y comportamientos habituales, y también obteniendo información de los individuos con quienes convive. El examen de los rasgos de la personalidad que se asocian a una larga vida en hombres y mujeres, llevado a cabo en estudios epidemiológicos multinacionales, ha puesto de manifiesto que, en todas las culturas, el rasgo de la personalidad más importante es la extroversión. Y cada día son más las pruebas que confirman los beneficios de esta manera de ser sobre la salud y longevidad. La extroversión se caracteriza por tres rasgos: la comunicabilidad, la sociabilidad y la apertura al mundo exterior, sobre todo a las situaciones que producen emociones positivas. Es evidente que el ingrediente fundamental que sustenta y mantiene estos tres atributos de la personalidad extrovertida es el lenguaje y, en particular, el lenguaje social.

La relación positiva entre la extroversión y la longevidad tiene varios componentes. Unos son directos y conectan claramente la extroversión con la buena salud. Otros, sin embargo, son indirectos porque vinculan la extroversión a los estados de ánimo positivos y la satisfacción con la vida en general, los cuales, a su vez, favorecen la longevidad saludable. Al valorar los efectos directos de la extroversión sobre la longevidad, vemos que las personas comunicativas se involucran más, tienen más relaciones, son de trato más fácil y disfrutan de un mayor apoyo social. Al mismo tiempo, estos comportamientos les brindan un positivo efecto de rebote, pues las relaciones gratificantes constituyen un antídoto muy eficaz contra los resultados nocivos de la inseguridad y la angustia. Podemos pues decir que la extroversión contribuye directamente a la longevidad, entre otras razones, por su cualidad de protector. Entre sus efectos positivos directos figura también la conexión entre nuestra expresividad verbal y el buen funcionamiento de los órganos del cuerpo.

Hoy sabemos que existe una constante comunicación entre las neuronas cerebrales del lenguaje y las que controlan el sistema nervioso vegetativo, encargado de regular el ritmo del corazón, la presión arterial, el aparato digestivo, la secreción de hormonas y el sistema inmunológico. A este respecto recuerdo que, mientras escribíamos en tándem *Corazón y mente* hace unos años, mi buen amigo y admirado cardiólogo Valentín Fuster, jefe de cardiología del hospital neoyorquino Mount Sinaí, me corroboró que comunicarnos a través del habla tiene saludables efectos protectores sobre el músculo cardíaco y las arterias coronarias que lo nutren y oxigenan, ya que expresar con palabras las cosas que nos agobian hace que disminuyan las pulsaciones y la presión arterial. La extroversión también estimula la búsqueda de emociones positivas. Como sabemos, existe una conexión de doble sentido entre lo que pensamos, lo que decimos y nuestro estado de ánimo.

Las neuronas del lenguaje, especializadas en transformar ideas en palabras, están conectadas con los centros cerebrales encargados de elaborar las emociones, incluidas las vías de neuronas que regulan la dopamina.

Ciertos genes favorecen también este enlace, como el gen conocido como *5-httlpr*, que regula la absorción de la hormona serotonina, responsable de la producción de emociones placenteras. Las personas que portan en su equipaje genético la versión corta de este gen muestran mayor tendencia a expresar y compartir ideas y sentimientos. Al mismo tiempo, las personas comunicativas y afables disfrutan de relaciones afectivas, la parcela más frecuente de la que extraemos satisfacción con la vida. Sin duda, hay una clara conexión entre la comunicabilidad y los estados de ánimo positivos. En cuanto a la salud, está comprobado que estas personas tienen mayor resistencia a los trastornos depresivos que envenenan nuestra felicidad y son causa de muertes prematuras.

Otro detalle importante es que las personas expresivas y sociables tienden a buscar la ayuda de sus semejantes en situaciones difíciles o peligrosas, y tienen menos reservas a la hora de quejarse abiertamente de sus achaques o de acudir al médico, por lo que previenen o tratan antes las enfermedades que los aquejan. En mis décadas de trabajo hospitalario he podido comprobar que los pacientes internados en las unidades de medicina y cirugía que son muy habladores se recuperan antes que los silenciosos, aunque tengan diagnósticos similares. El mero hecho de que hablar es, en sí, terapéutico, pero además los pacientes parlanchines no tienen reparo a la hora de pedir ayuda al personal del hospital, explicar sus síntomas y participar activamente en su tratamiento.

La concordancia entre la extroversión y la alta satisfacción con la vida ha sido confirmada en numerosos estudios, lo mismo que la relación entre sentirnos dichosos y la buena salud. La tendencia a reunirse y comunicarse es común entre los mortales de todas las épocas o puntos cardinales. Unas veces se trata de compartir experiencias gratas, disfrutar de aficiones comunes o celebrar festividades y fechas señaladas. No hay duda de que vivir situaciones parecidas nos acerca y nos anima a comunicar nuestras experiencias. En las ciudades abundan las ocasiones para lograrlo, como por ejemplo esas reuniones tan comunes en los parques a la caída de la tarde entre amantes de los perros. En los corrillos y tertulias de quienes comparten su afición por estos animales, las animadas conversaciones permiten incluso que se fragüen amistades duraderas. Algo parecido ocurre con las madres jóvenes, que establecen vínculos con otras madres en los parques mientras pasean a sus bebés. Criar niños pequeños puede resultar una tarea exigente y solitaria, por lo que es grato pasar un rato explicando nuestras alegrías y preocupaciones a personas que se encuentran en una situación similar. Cada día hay más investigaciones que confirman los beneficios de la satisfacción con la vida para la salud, porque estimula nuestras defensas naturales. Como botón de muestra pensemos en esas personas que a los sesenta años se sienten contentas con la vida en general, y tienen una expectativa de vivir, por término medio, casi dos años más que la media de la población.

Creo que podemos decir sin reserva que aprender a vivir contentos es nuestra inversión más rentable, como ya adelantó el célebre filósofo parisino Voltaire en el siglo XVIII con su famoso «He decidido ser feliz porque, además, es bueno para la salud».

Sin embargo, la relación entre extroversión y longevidad no es absoluta ni incondicional. Para que la extroversión cumpla su misión vital con eficacia, es importante que vaya de la mano de tres atributos adicionales: el pensamiento positivo o perspectiva optimista, la conciencia o capacidad para percibir, comprender y razonar —podríamos llamarlo sentido común—, y una medida razonable de estabilidad emocional. Ahora bien, mientras que la extroversión se manifiesta preferentemente en el lenguaje social, estos tres ingredientes de la forma de ser ejercen su influencia, en gran medida, a través de las reflexiones privadas a solas. De ahí la importancia de reconocer el· papel del lenguaje privado en la personalidad de la longevidad.

## Perspectiva optimista

Como he mencionado, un rasgo importante de la personalidad de la longevidad, que suele acompañar a la extroversión, es la perspectiva optimista. El lenguaje privado típico de la visión optimista tiene tres componentes. El primero es la tendencia a recordarnos a nosotros mismos sucesos positivos. Las personas de pensamiento optimista guardan y evocan con preferencia los buenos recuerdos, los éxitos del pasado, las situaciones y desafíos que superaron. Suelen pensar: «Las cosas me han salido bien en la vida» o «Mis experiencias pasadas me han preparado para superar los contratiempos actuales». A su vez, estos pensamientos favorecen la perspectiva positiva del presente y del futuro, y sirven de protección contra las desilusiones. El segundo ingrediente es la esperanza palpable en los monólogos internos, según la cual lo que deseamos va a ocurrir. Los individuos de pensar optimista tienden a considerar posible lo que anhelan y esperan lograr las metas que se proponen. Una actitud esperanzada estimula los dispositivos curativos del cuerpo y anima psicológicamente a la persona a adoptar hábitos de vida saludables. El tercer elemento del pensamiento positivo se refleja en las explicaciones que nos damos en nuestro interior de las adversidades. Lo normal es optar instintivamente por considerarlas pasajeras y de impacto limitado, en lugar de decirse a uno mismo que los efectos de las dolencias o reveses son irreversibles y los daños permanentes. El estilo optimista de explicarnos las cosas nos estimula a buscar el lado positivo de los contratiempos y a minimizar el impacto de las desdichas, además de alimentar en nosotros la sensación de que controlamos nuestra vida y protegernos del desánimo y del sentimiento de indefensión.

Numerosas investigaciones publicadas en los últimos veinte años demuestran que la actitud optimista es un factor importante a la hora de presagiar la longevidad. Así se demuestra en el seguimiento de mil personas, realizado durante casi medio siglo por la Universidad de Michigan, pues reveló que los más optimistas morían menos de accidentes, actos de violencia y suicidio. La misma tesis fue probada en sentido contrario por la prestigiosa Clínica Mayo, tras estudiar durante tres décadas el nivel de pesimismo de 839 voluntarios, que se sometieron a un test de personalidad. Las conclusiones, publicadas en 2002, revelaron que, según las estadísticas, las probabilidades de haber fallecido eran más altas para los participantes catalogados como más pesimistas.

Asimismo, un estudio llevado a cabo por investigadores de Harvard, publicado recientemente en la revista *American Journal of Epidemiology*, vincula el optimismo con una baja mortalidad. La investigación, centrada en mujeres, señala que las más optimistas tenían un 16 por ciento menos de riesgo de morir de cáncer, 38 por ciento menos de riesgo de morir por enfermedades cardíacas o respiratorias o por accidentes cerebrovasculares, y hasta un 52 por ciento menos de riesgo de morir por infecciones que las menos optimistas. A la hora de explicar estos resultados, la mayoría de los investigadores baraja las mismas hipótesis: los individuos derrotistas son más imprudentes y sufren más accidentes que los optimistas. Devotos del fatalismo, tienden a creer que nada de lo que hagan tendrá importancia o, por desconfianza, no cumplen con el tratamiento médico y mueren prematuramente de dolencias evitables o curables. También se sabe que los individuos optimistas se deprimen con menos frecuencia que los pesimistas, y la depresión está asociada a la mortalidad.

No hay duda de que el lenguaje privado positivo y esperanzado fortalece las defensas naturales. En lo que se refiere a su salud, las personas optimistas tienden además a localizar el centro de control en ellas mismas y se dicen «Yo puedo hacer algo para abordar y superar este problema»; también valoran la prevención y toman medidas ante las amenazas a su salud. Como contraste, los soliloquios que se derivan de la perspectiva pesimista van repletos de duda y fatalismo, alteran el sistema inmunológico y endocrino, y contribuyen a la desconfianza y la apatía ante las enfermedades y sus remedios. El lenguaje optimista no está reñido con la percepción de los riesgos de una enfermedad, pero sí con la pasividad a la hora de afrontarlos. Las personas optimistas que hacen frente a las vicisitudes tienden a abrirse firmemente a las oportunidades para superarlas. Y es obvio que cuanto más se persiste en la búsqueda de una solución, más altas son las probabilidades de encontrarla; es innegable que cualquier adversidad se hace más llevadera si contamos con el aliento y la ilusión que nos proporciona la esperanza.

Por cierto, quienes equiparan el optimismo con la ingenuidad, o incluso con la ignorancia, carecen de base científica. Hoy sabemos que la perspectiva optimista es del todo compatible con la sensatez a la hora de resolver situaciones inciertas o peligrosas. El optimismo no implica un falso sentido de invulnerabilidad. Por el contrario, es una forma de sentir y de pensar que nos ayuda a gestionar las situaciones adversas sin desmoralizarnos. En sus soliloquios, antes de tomar decisiones importantes, los optimistas sopesan tanto los aspectos positivos como los negativos, mientras que los pesimistas solo consideran los negativos. Os confieso que siempre que viajo en avión prefiero contar con un piloto optimista.

## Conciencia y estabilidad emocional

Hay hábitos que pueden alterar los efectos saludables de la extroversión. Entre ellos se encuentra el de fumar, practicado por demasiadas personas extrovertidas que hacen caso omiso de los importantes riesgos del tabaco en lo que respecta a enfermedades cardíacas y respiratorias. Se trata de individuos que también muestran una mayor tendencia a la impulsividad y a comportamientos arriesgados, lo que puede neutralizar los efectos positivos de la extroversión sobre la esperanza de vida. Frente a estos comportamientos, la conciencia se alza como un rasgo importante de la personalidad de la longevidad. La conciencia es la capacidad de reflexionar, de tener una noción realista y razonable de uno mismo y del entorno. La voz de la conciencia y el lenguaje interior nos ayudan a sopesar las ventajas e inconvenientes de nuestras actitudes y las consecuencias de nuestros actos, a regular nuestras funciones ejecutivas, como el raciocinio, la motivación y el autocontrol, así como a protegernos de peligros y amenazas a nuestra supervivencia. Quienes son conscientes de su salud y de los factores que la afectan viven más porque organizan su estilo de vida con más disciplina, hacen ejercicio físico con regularidad y eligen comportamientos razonables sin grandes riesgos, que pasan por evitar fumar y excederse en el consumo de alcohol. Además, prestan atención a su salud, y cuando enferman siguen las recomendaciones del médico y se recuperan. En el plano emocional, se cuidan y disfrutan de relaciones estables. Esa estabilidad emocional es, precisamente, otro factor que favorece la longevidad.

Las personas emocionalmente estables tienen un control razonable de sus emociones y no se ven afectadas con facilidad por los problemas o reveses normales de la vida. Gozan de una saludable capacidad para afrontar la realidad, manejar sus sentimientos y programar su vida de un modo razonable, lo que las hace más resistentes al estrés. En el extremo opuesto se encuentra la inestabilidad emocional, también llamada *neuroticismo*. Se muestra en personas emocionalmente vulnerables, que tienden a sufrir de ansiedad, no toleran las situaciones estresantes y son víctimas frecuentes de estados depresivos y de hipocondría, por lo que presentan una incapacidad permanente para manejar la infelicidad y los avatares del día a día.

Un aspecto del lenguaje privado que contribuye a la estabilidad emocional en muchas personas es la meditación. La práctica regular de la meditación ayuda a enfrentarse mejor a una amplia gama de enfermedades crónicas, así como a situaciones estresantes. Por otra parte, aumenta los niveles de dopamina, lo que se asocia con sentimientos de bienestar y alegría. Y en el caso de personas mayores favorece la longevidad.

## ELLAS HABLAN MÁS Y VIVEN MÁS

Además de las centenarias europeas y japonesas, en general las mujeres de todos los lugares del planeta tienen niveles superiores de extroversión y de conciencia que los hombres, dos componentes esenciales de la personalidad de la longevidad. En lo que se refiere a su capacidad para comunicarse, como mencioné al describir las diferencias entre ellos y ellas en el capítulo «Nacemos y nos hacemos habladores», el cerebro femenino ya al nacer tiene un mayor número de áreas relacionadas con el lenguaje que el masculino. Y por si fuera poco, los trastornos del lenguaje, incluyendo las afasias y el tartamudeo, afectan con mayor frecuencia al sexo masculino. La mayoría de los estudios comparativos sobre el número de palabras que utilizan los hombres y las mujeres revelan que, en general, ellas articulan al día hasta diez mil palabras más que ellos.

Sus niveles superiores de conciencia posiblemente expliquen que ellas tiendan a protegerse más que ellos en situaciones peligrosas, por lo que mueren menos mujeres que hombres en conflictos violentos, accidentes, desastres naturales o a consecuencia del consumo excesivo de drogas o alcohol. Asimismo, después de un suceso traumático, como la muerte inesperada de la pareja o la pérdida del trabajo, los varones tienen un riesgo de suicidio siete veces más alto que las mujeres. Es razonable deducir que el hecho de que ellas sean más parlanchinas y conscientes que ellos influya en su mayor esperanza de vida.

La mayor longevidad de las mujeres también obedece a que ellas están protegidas por el efecto reductor del colesterol de los estrógenos. Además, los cromosomas femeninos XX tienen ciertas ventajas sobre los masculinos XY. Por ejemplo, en las mujeres el efecto patológico de un gen X dañado a menudo es neutralizado por su compañero X sano, como en el caso de la hemofilia. Sin embargo, el cromosoma masculino Y no puede compensar los defectos de su compañero X. Incluso a pesar de que nacen 107 niños por cada 100 niñas, en la actualidad habitan en nuestro planeta el mismo número de mujeres y hombres. Este equilibrio se consigue porque ellas viven cinco años más que ellos por término medio, algo que explica claramente ese 87 por ciento de centenarias entre el creciente batallón de medio millón de personas que han superado ya la edad de un siglo. Un hecho es innegable: en cada etapa del ciclo de la vida, más hombres que mujeres mueren de forma prematura.

Por cierto, según datos de la Organización Mundial de la Salud, en España la mujer vive 85,5 años de media, por lo que se sitúa en la tercera posición en el ranking mundial de longevidad, detrás únicamente de las japonesas y las singapurenses. Sin embargo, los varones viven de promedio 80,1 años y ocupan el noveno puesto entre los habitantes más longevos del planeta.

A título personal puedo certificar la relación entre locuacidad y longevidad saludable, porque la experimenté en mi entorno familiar de manera muy directa. Tanto mi abuela materna santanderina como mi abuela paterna sevillana eran muy habladoras y sermoneadoras, no paraban de parlotear incluso cuando estaban solas, aunque cuando yo les preguntaba decían estar rezando, y las dos vivieron hasta los noventa. Sin embargo, nunca llegué a conocer a mis abuelos porque ambos murieron jóvenes, años antes de que yo naciera. Según la descripción de ellos que recogí de mis padres, ambos eran hombres de pocas palabras. Este mismo escenario se repitió en el caso de mis progenitores. Mientras mi padre, parco en palabras y no fumador, murió con 70 años, mi madre, habladora incesante y fumadora, se fue de este mundo a los 86.

Soy consciente de que no es aconsejable dejarse influir por circunstancias personales mientras nos movemos en el campo objetivo de la ciencia, pero os confieso que, cuando reflexiono sobre la espectacular longevidad de mis queridas antepasadas, no puedo evitar concluir que ¡la mujer española vive mucho porque habla mucho!

En definitiva, para desarrollar al máximo las posibilidades de vivir una vida saludable y completa, es importante fomentar las cualidades que sustentan y protegen nuestro bienestar físico, psicológico y social. Sin duda, hablar es una actividad que contribuye a la salud en su sentido más amplio, y promueve nuestra calidad y cantidad de vida.

Seguidamente, comparto unas ideas prácticas sobre el lenguaje que usamos y las diversas situaciones de la vida diaria en las que el habla —y el silencio— juegan un papel importante.

# TERCERA PARTE

# 11

## Lecciones prácticas

> Lo más difícil de aprender en la vida es qué puente
> hay que cruzar y qué puente hay que quemar.
>
> BERTRAND RUSSELL

### A LOS NIÑOS, PALABRAS Y MÁS PALABRAS

Incluso desde el útero materno, los futuros bebés oyen la melodía de los cantos y las palabras de las lecturas que sus madres realizan en voz alta. De hecho, después de nacer, las criaturas reaccionan con balbuceos y gestos de gozo al escuchar las mismas letras que sus madres canturreaban o los cuentos que narraban cuando ellos todavía no habían llegado a este mundo. La palabra hablada es alimento vital para el cerebro durante los primeros cinco años. Oír una amplia variedad de palabras y expresiones desde que nacemos es condición necesaria para aprender a hablar correctamente. Y cuantas más palabras, mejor. Escucharlas tiene un impacto positivo en el vocabulario de los niños, y estimula su capacidad para comprender y asimilar nuevos conceptos. Pero los beneficios van más allá: como mencioné al explicar los efectos positivos de crecer en el seno de familias locuaces, los pequeños que conviven con padres y cuidadores habladores progresan con rapidez en su desarrollo intelectual, social y emocional, y se encauzan con éxito en los futuros años escolares.

No hay duda de que las palabras son estímulos muy poderosos en la infancia. Pero con esto no quiero sugerir que debamos abrumar a los pequeños con sermones interminables y, menos aún, con discursos televisivos. Los estudios sobre el desarrollo infantil nos demuestran que los niños avanzan más en su desarrollo psicológico cuando están rodeados de personas expresivas y afectuosas que dedican tiempo a conversar con ellos, leerles en voz alta, narrar historias y compartir experiencias de su propia vida. Los efectos positivos del habla no solo dependen de la cantidad de palabras que escuchan los pequeños, sino también de la variedad de las expresiones y estructuras gramaticales de las frases que perciben. Conviene empezar por usar vocablos básicos y oraciones de gramática sencilla que puedan entender, porque esto les ayuda a descubrir qué significan las palabras y cómo se usan juntas.

Cualquier momento es bueno para una conversación. Una de las mejores maneras de hacerle saber a una hija o hijo que queremos hablar con ellos es ponernos a su nivel y mirarle a la cara. Esto significa conectar visualmente ya sea en el suelo, a la altura de su trona, o sentados a la mesa. Gesticular con las manos y la cara también ayuda a los niños a comprender el significado de las palabras que oyen, puesto que la comunicación incluye no solo lo que decimos sino también cómo lo decimos: los sentimientos, las miradas, la sonrisa, los gestos y también los silencios. Es aconsejable escoger temas que puedan interesar a los pequeños y hacer pausas para dejar que respondan o manden mensajes con balbuceos o gestos. Además del contacto visual, es importante prestar atención escuchándolos atentamente, y mostrar interés en lo que tienen que decir. Esta actitud fomenta conversaciones más largas.

Para estimular el habla de los niños no son necesarios los juguetes ni los escenarios especiales. Por ejemplo, padres e hijos pueden ir al supermercado y conversar sobre lo que necesitan comprar, eligiendo juntos los alimentos. También pueden hablar sobre lo que ven mientras dan un paseo por el barrio, o charlar durante la hora del baño diario. Lo importante es hablar a lo largo del día sobre lo que les interesa a los pequeños, y a medida que dominan el lenguaje, es bueno dejarles que cuenten sus aventuras o compartan sus experiencias desde el principio hasta el final, sin interrumpirlos. Como es natural, la reacción de los niños pequeños al habla de los adultos y su nivel de comprensión y participación varía dependiendo de la edad y del temperamento. En los primeros seis meses las criaturas reaccionan a los sonidos de las palabras, se calman, balbucean o incluso sonríen cuando se les habla de cerca. Entre el primer y el segundo año entienden y hacen preguntas sencillas, disfrutan oyendo cuentos y canciones, y aprenden nuevas palabras continuamente. Con el paso de los meses aumenta la variedad de las palabras y frases que comprenden y usan. Entre los cuatro y los cinco años ya entienden la mayoría de lo que se dice en casa o en la escuela, construyen oraciones que contienen muchos detalles, relatan cuentos y se comunican con facilidad con otros niños y adultos.

En cuanto al temperamento, como cabe esperar, los niños más extrovertidos muestran mayor tendencia a compartir sus ideas y sentimientos, y a reaccionar ante las personas con quienes se relacionan. Por su parte, los menos extrovertidos tienden a ser más reservados y comedidos durante los intercambios con sus interlocutores. Además de las conversaciones, está demostrado que los padres o cuidadores, con las lecturas a los pequeños desde el nacimiento, facilitan su sano desarrollo intelectual. Leerles en voz alta no solo mejora su lenguaje, sino que también facilita la comprensión de conceptos y la identificación de las emociones. Y, además, espolea su imaginación.

Otro factor sustancial a tener en cuenta es que los temas de los diálogos y comentarios que hagan los adultos en presencia de los niños sean estimulantes y constructivos. Aunque los límites son inevitables en el trato con pequeños, a la hora de amonestarlos o reprenderlos por algo que han hecho mal, es muy importante centrar las críticas en su comportamiento concreto y no devaluarlos a ellos como persona: «Lo que has hecho es un problema», y no «Tú eres un problema». Sin duda, las observaciones de los adultos, sean elogios o reproches, tienen un impacto en el desarrollo de la autoestima de los pequeños.

Es cierto que la forma de conversar y comunicarnos con nuestros hijos pequeños es uno de los aspectos más íntimos de su crianza y educación. Nuestro lenguaje casero está influido por nuestra personalidad, nuestro estado de ánimo, nuestra formación y por las normas culturales del lugar en que vivimos. Con todo, si nos lo proponemos, ya seamos padres, familiares, cuidadores o docentes, todos podemos cultivar y practicar la forma de hablar que mejor contribuya a que nuestros niños y niñas crezcan contentos, conectados, intuitivos, creativos y seguros de sí mismos.

## Habla más de una lengua

Cada día hay más evidencias de los efectos saludables del bilingüismo. Los seres humanos nacemos con la capacidad de aprender más de una lengua. De hecho, venimos al mundo equipados con la habilidad para distinguir un gran número de sonidos, muchos más de los que requiere hablar una sola lengua. De esos sonidos en potencia, solo aprendemos y practicamos sin esfuerzo aquellos que percibimos en los primeros cinco o seis años, durante el llamado «período crítico» del lenguaje, cuando el cerebro se encuentra en su mejor momento para asimilar vocablos y crear el lenguaje. Por supuesto, pasados estos primeros años, también podemos aprender otras lenguas, pero nos será más difícil alcanzar la fluidez nativa que tenemos en la lengua madre.

Hablar más de una lengua tiene beneficios evidentes en un mundo cada día más permeable y globalizado. Para empezar, son obvias las ventajas prácticas de poder comunicarnos con personas de otros países en su propia lengua. Además, hablar varios idiomas nos ofrece la oportunidad de explorar y conocer directamente valores y costumbres de pueblos y culturas diferentes. A un nivel más personal, hablar otras lenguas implica abrirnos al mundo, expandir nuestras relaciones y ensanchar el mapa de la diversidad, la tolerancia y la solidaridad. Pero eso no es todo: en los últimos años se han demostrado numerosos efectos saludables del multilingüismo en el funcionamiento del cerebro. Por ejemplo, ser bilingüe mejora las habilidades intelectuales e incluso protege contra el deterioro cerebral relacionado con el envejecimiento o los trastornos cerebrales.

Crecer en un ambiente bilingüe, sea en el hogar o en el colegio, facilita el desarrollo académico e intelectual de los niños. Los pequeños bilingües suelen tener mejor *memoria de trabajo* o memoria para operaciones mentales que los monolingües. Para ilustrar la memoria de trabajo suelo utilizar un ejemplo gráfico: una tabla cubierta de velcro al que se adhieren temporalmente y por simple presión múltiples trozos del mismo tejido cubierto de fibras. Pues bien, poseer una buena memoria de trabajo equivale a tener un amplio velcro en el que podemos pegar y conservar las palabras, las ideas y las imágenes que utilizamos para resolver a corto plazo los problemas que surgen.

Precisamente, hay ejercicios mentales que requieren grabar, evocar y manipular varios tipos de datos y conocimientos de forma consciente y a la vez, por lo general durante un breve espacio de tiempo. Al gozar de una buena memoria de trabajo, los pequeños bilingües con frecuencia son más aptos a la hora de resolver ciertos rompecabezas mentales, como las tareas que requieren coordinar con rapidez conceptos, imágenes y colores. Un ejemplo sencillo de estos problemas son los juegos digitales.

La memoria de trabajo también refuerza nuestra capacidad para mantener la atención en lo importante, al tiempo que otros estímulos irrelevantes nos distraen. Los niños bilingües pueden llevar a cabo diferentes actividades simultáneas con mayor facilidad que los monolingües, pues desarrollan una mayor capacidad para prestar atención a estímulos diversos procedentes del medio ambiente y aprenden más rápido a anticipar nuevas situaciones. El motivo es que en el cerebro de los bilingües ambos sistemas de lenguaje permanecen activos incluso cuando solamente están usando una lengua, y este ejercicio mental fortalece las sinapsis o conexiones neuronales.

Tras cuatro décadas analizando los efectos del bilingüismo, investigadores canadienses, incluida la reconocida lingüista Ellen Bialystok, han demostrado que las personas bilingües sufren menos deterioro en sus capacidades mentales al envejecer que las monolingües y tienen mejor control sobre la memoria. Concretamente, son más resistentes al inicio de la demencia y cuanto mayor es el grado de bilingüismo, más tarde la edad de inicio. Así, los enfermos que hablan más de una lengua en su día a día manifiestan los síntomas de esta incurable dolencia, por término medio, cinco años más tarde que aquellos que se comunican en una lengua.

Como vemos, aprender y practicar más de una lengua a cualquier edad —pero cuanto antes mejor— es una actividad muy saludable que va mucho más allá de aprender sonidos diferentes para las mismas cosas: estimula nuestras facultades, nos permite descubrir aspectos nuevos de nosotros mismos y nos inspira a abrirnos a la humanidad y a conocer mejor el universo.

## HÁBLALE AL PERRO, AL GATO, AL PAJARITO...

Aunque la costumbre de hablar con los animales domésticos viene de muy lejos, fue en el siglo pasado cuando comenzaron a acumularse las observaciones de expertos que apuntaban los efectos benéficos para la salud mental y física de charlar y crear lazos afectivos con las mascotas, sean perros, gatos, pajaritos, caballos u otros animales de compañía.

A principios de la década de 1930, Sigmund Freud, el padre del psicoanálisis, se alzó como defensor del papel terapéutico de las mascotas cuando comenzó a usar a su perro favorito, Jofi, un chow chow, durante las sesiones de psicoterapia para disminuir la ansiedad y facilitar la comunicación con sus pacientes. Freud observó que enfermos muy ansiosos a menudo se sentían inicialmente más cómodos hablándole a Jofi, lo que les servía de trampolín para pasar a hablarle a él directamente. El célebre psicoanalista, que mencionaba a Jofi en sus diarios, solía decir «el perro nos brinda afecto sin ambivalencia, la sencillez de una vida libre de conflicto... ama a sus amigos y muerde a sus enemigos; por el contrario, las personas en todo momento mezclan el amor y el odio en sus relaciones».

Un par de décadas más tarde, psicólogos, como el estadounidense Boris Levinson, comenzaron a hacer públicos los efectos terapéuticos de animales domésticos, en particular los perros, sobre niños y adultos con problemas emocionales. Hoy, la llamada *Terapia Asistida con Animales* se practica para ayudar a personas de todas las edades. Por ejemplo, los perros de terapia están entrenados especialmente para estimular la comunicación y brindar ánimo y afecto a las personas que residen en casas de retiro de ancianos, hospicios, o en áreas azotadas por desastres naturales. Estos canes también son utilizados con éxito en centros psiquiátricos, instituciones dedicadas a la rehabilitación de enfermos de dolencias crónicas e incluso en prisiones, con el fin de estimular la comunicación, la empatía y las emociones positivas en los reclusos.

Cuando la soledad invade la vida de las personas, las mascotas adquieren un papel especialmente importante, pues facilitan la comunicación de sentimientos, reavivan los recuerdos agradables, crean un ambiente hogareño y ayudan a llenar ese vacío que supone el aislamiento social. Efectivamente, las personas mayores que viven con un animal de compañía muestran mejor estado físico, menos preocupación por problemas de salud y una mayor sensación de bienestar y seguridad que quienes viven solas.

Las mascotas no solo ayudan a combatir la soledad, sino que además aumentan las posibilidades de que sus dueños conecten con otras personas. Los perros, en particular, son iniciadores naturales de conversación entre extraños. Es un hecho comprobado que cuando paseamos acompañados del perro se nos acercan más desconocidos y mantenemos conversaciones más prolongadas que cuando caminamos solos.

Por su parte, los animales domésticos con los que convivimos aprenden muy pronto a reconocer las palabras de aprobación, ánimo, cariño, miedo o enfado con las que nos dirigimos a ellos. Además, captan y descifran los mensajes de sus dueños a través de sus gestos, del tono y volumen de voz, de los olores y de las caricias —o los cachetes—. Sus respuestas pueden ser sonoras como ladridos, aullidos, maullidos, ronroneos, o consistir en miradas, posturas o movimientos.

Es verdad que en nuestra cultura conversar con animales en público todavía no está bien visto, salvo que sea para darles órdenes sencillas y concretas. No es de extrañar, pues, que la mayoría de las personas que hablan con sus mascotas lo hagan en privado y con discreción, para evitar ser tildadas de excéntricas o, peor aún, de enajenadas. Sin embargo, quienes se comunican regularmente con sus animales de compañía no

tardan en notar los efectos saludables, como la evidente rela-
jación que produce tras un día agobiante. Y es que estas con-
versaciones a menudo elevan los niveles de dopamina y sero-
tonina en el cerebro, esos neurotransmisores naturales con
propiedades placenteras y calmantes.

Es normal ver algo humano en los animales con los que
convivimos. Para empezar, nos reconocen, nos escuchan, nos
entienden. Sus expresiones nos sugieren que prestan atención
a lo que les decimos y aceptan nuestra versión de las cosas sin
juzgarnos. A diferencia de los humanos, no nos cuestionan, ni
nos critican, ni nos dan órdenes, y ¡guardan secretos! Su apa-
rente comprensión y su apoyo incondicional se convierten en
un calmante eficaz de nuestras emociones, aunque estas sean
tan negativas como la rabia, la desilusión o la pena.

La adaptabilidad de los animales domésticos, en particu-
lar los perros y los gatos, explica que se hayan convertido en
actores familiares y sociales tan habituales como influyentes.
Su compañía siempre proporciona ternura y amistad a sus
cuidadores, estimula la comunicabilidad y el contacto físico y
facilita el entretenimiento y el juego.

Pero esto no es todo. Al ser la comunicación verbal con
nuestro interlocutor animal fundamentalmente en una di-
rección, a menudo escuchamos y captamos mejor nuestros
propios mensajes y argumentos. Esto nos puede ayudar a re-
flexionar sobre lo que decimos —como ocurre con los solilo-
quios— y a explicar o entender mejor los motivos de nues-
tro estado de ánimo e, incluso, intuir la solución del problema
que estamos compartiendo con el animal. De esta forma, lo que
comienza por una charla con la mascota se convierte en un
ejercicio positivo de introspección.

Estoy convencido de que charlar con nuestros animales de compañía es una actividad natural, saludable y terapéutica. No solo mejora el estado de ánimo en esos momentos en los que nos sentimos estresados o vulnerables, sino que también nos ayuda a expresar y revivir momentos de alegría. Está demostrado que hablarles a estos animales que comparten tan cercanamente nuestra vida estimula nuestro bienestar emocional, nos protege de los estados depresivos y es saludable para el corazón al reducir la presión arterial y las pulsaciones cardíacas.

Así que, si en algún momento te preocupa lo que puedan pensar quienes te observan charlando con tu mascota, no temas los juicios ajenos: ¡Adelante, háblale en voz alta y sin miedo! Te lo recomienda un psiquiatra.

## APRENDE A HABLARTE EN PRIVADO

Aunque nos pasamos mucho más tiempo hablando con nosotros mismos que con otras personas o en público, son muy pocos los que se fijan en su lenguaje interior, y muchos menos los que tratan conscientemente de mejorar los diálogos consigo mismos. Sin embargo, cuenta mucho cómo nos hablamos y qué nos decimos. Si lo pensamos, creo que estaremos de acuerdo en que vale la pena entrar en nuestro mundo privado, escucharnos y evaluar nuestro lenguaje interior. Me refiero al auditorio íntimo de la introspección, donde actuamos al mismo tiempo de intérpretes y oyentes. Cuando analizamos las conversaciones con nosotros mismos, una pregunta importante es cómo nos tratamos: las cosas que nos decimos cuando nadie nos escucha suelen ser ¿positivas o negativas?, ¿constructivas o destructivas?, ¿nos tratamos con comprensión o somos intolerantes?, ¿nos infundimos esperanza o desánimo? Ese consejo, tan sencillo y universal, de «Trata a los demás como quieres que te traten» ha sido considerado un principio moral durante milenios en todas las culturas. En sus diferentes versiones, se alza como una pauta que nos invita a ser coherentes en nuestras relaciones y en la convivencia diaria. Por lo que respecta al lenguaje interior y a nuestros discursos privados, la versión de esta regla de oro debe ser: «No te digas a ti mismo lo que no quieres que te digan los demás», «Háblate a ti mismo como te gusta que te hablen».

Cuando analizamos la forma de valorarnos interiormente, se pone de manifiesto que los juicios sobre nosotros mismos, sean globales o específicos, tienen un componente de pensamiento —«qué es lo que pienso de mí»— y otro de sentimiento —«cómo me siento conmigo mismo»—. Estos dos componentes son inseparables. Siempre que opinamos sobre nosotros en nuestros soliloquios, la opinión va acompañada de un tono emocional afín. De modo que si nuestro juicio de valor es favorable, el sentimiento que lo acompaña es placentero, pero si nos consideramos inadecuados, nos sentimos mal. Así, la autoestima positiva va acompañada de expresiones de competencia y de sentimientos de satisfacción. En el otro extremo, las palabras de condena a uno mismo van unidas a sentimientos de culpa y decepción. Nuestro cerebro se encarga de asegurar esta congruencia entre lo que pensamos y lo que sentimos.

Todos los seres humanos abrigamos la necesidad de aceptarnos y apreciarnos. Si nos escuchamos, notaremos que alimentamos nuestra autoestima mencionando nuestra capacidad de amar, nuestros principios sociales justos o éticos, las conductas socialmente provechosas o nuestra habilidad para alcanzar las metas que nos proponemos. Y es que la autoestima es un ingrediente determinante de nuestra sintonía interior, de nuestra seguridad y de nuestra disposición ante la vida. Frente a los fallos, tropezones o crisis que amenazan nuestra autoestima, nos ayuda darnos explicaciones que nos favorecen. Por ejemplo, ante conflictos en nuestras relaciones, problemas laborales o reveses en lo que nos proponemos hacer en la vida, es importante que nuestro lenguaje privado sea comprensivo con nosotros mismos, que no nos sobrecarguemos de culpa y que nos demos apoyo. Hablarnos es también una estrategia muy efectiva para fortalecer la resistencia física y mental en momentos espinosos. Las palabras estimulantes que nos decimos alivian la sensación de agotamiento, nos animan y alimentan la motivación para que no tiremos la toalla.

Asimismo, es importante aprender a utilizar monólogos internos que nos ayuden a regularnos, a guiarnos y aconsejarnos para resistir impulsos nocivos, echar el freno para evitar enfrentamientos innecesarios y gestionar nuestro día a día. En momentos de peligro, las personas que se hablan y persuaden a sí mismas de que la solución está en sus manos resisten mejor la adversidad que quienes se convencen de que sus decisiones no cuentan. Del mismo modo, en situaciones desafortunadas, quienes recurren a comparaciones ventajosas con otros damnificados, o al «podría haber sido mucho peor», se protegen más que quienes se comparan con los más afortunados. Y es que, ante las más duras adversidades, la vida sería insufrible sin una dosis de razonamientos íntimos comprensivos y consoladores.

Como bien describe Daniel Goleman en su estudio sobre el autoengaño, la tendencia a atribuirnos los éxitos, pero no los fracasos, se refleja en nuestro lenguaje. Así, cuando nuestro equipo gana el partido, solemos vanagloriarnos y proclamar, en primera persona, «¡Hemos ganado!», mientras que si pierde nos distanciamos y comentamos, en tercera persona, que «Han perdido». Pero no hay que pasarse, porque la experiencia y el sentido común dicta que distorsionar en exceso la realidad nos pone en peligro. Al final, como también afirmaba Goleman, «en algún punto entre los extremos de vivir una vida de mentiras vitales y una vida de simples verdades se encuentra el mejor camino de la supervivencia y la cordura». En definitiva, analizar cómo nos hablamos a nosotros mismos y aprender a hacerlo de forma positiva y constructiva es muy saludable y nos ayuda a proteger nuestra autoestima, a mantener el sano equilibrio emocional y a gestionar satisfactoriamente nuestra vida.

## Cuidado con el «debería» y con los pensamientos automáticos

En las conversaciones con nosotros mismos a veces nos enjuiciamos con dureza sin darnos cuenta, o nos imponemos expectativas inalcanzables que, irremediablemente, socavan nuestra satisfacción con nuestra persona y con la vida en general. Lo hacemos empleando términos agresivos, empezando por el conocido «debería», que se prodiga en esas recomendaciones que todos nos repetimos: «Deberías tener siempre el control», «No deberías ser tan sensible», «Deberías tener mejor carácter...». Los «debería» se imponen en nuestro vocabulario privado cuando pensamos que estamos obligados a ser, a sentir o a comportarnos de formas idealizadas o incompatibles con nuestra manera de ser, o incongruentes con nuestras emociones o prioridades del momento. Estos irreflexivos «debería» son venenosos porque alimentan en nosotros sentimientos de fracaso, desmoralización y desesperanza.

A través de la introspección, desde pequeños nos concienciamos de las discrepancias entre nuestros comportamientos y los comportamientos deseables, o entre lo que hacemos y lo que pensamos que deberíamos hacer. Los valores o ideales que asumimos o que nos impone la sociedad en la que vivimos —tengan que ver con la apariencia física, con las conductas o con los principios que albergamos— nos sirven de puntos de referencia a la hora de machacarnos con el «debería». Cuanto mayor sea la discrepancia entre nuestras aspiraciones o modelos y nuestras posibilidades reales de alcanzarlos, más proclives seremos a recurrir al «debería» y más difícil nos resultará alimentar una opinión favorable de nosotros mismos. Sin duda, la desilusión que nos causa la distancia entre nuestros anhelos y nuestros logros fomenta la insatisfacción y el rechazo de uno mismo. Las personas que en su lenguaje privado se imponen una y otra vez expectativas humanamente imposibles como «debería sacar sobresaliente en todas las asignaturas», «debería impresionar a mis colegas cada vez que presento un trabajo», «debería caer bien a todos», «debería estar siempre de buen humor», y otros «debería» similares, socavan su confianza y satisfacción con la vida.

Las pretensiones o exigencias desmedidas de uno mismo producen frustración, desmoralizan y provocan que nos sintamos incompetentes. Es importante estar atento a nuestros soliloquios y no permitir que alimenten la distancia entre los aspectos reales y los aspectos idealizados de nuestra persona, porque en la sutil frontera entre realidades e ideales se encuentran las verdaderas posibilidades de nuestra satisfacción con la vida. A fin de cuentas, son las metas posibles y alcanzables las que nos sirven de fuerza motivadora y nos gratifican.

Otra forma de hablar con nosotros mismos y con los demás bastante frecuente que debemos reconsiderar son los pensamientos automáticos y las declaraciones dogmáticas negativas, basadas en su mayoría en generalizaciones irreflexivas erróneas. Para ilustrar estos argumentos suelo utilizar una conversación con mi compañera de asiento en un vuelo Nueva York-Madrid. Poco después de despegar, la señora me preguntó cordialmente sobre el motivo de mi viaje. Cuando mencioné que iba a dar una conferencia sobre la felicidad, la inquisitiva mujer exclamó con voz sentenciosa: «Pues ¡España está fatal!». Y, sin vacilar, añadió: «¡Vivimos rodeados de maltratadores y de terroristas!». Sorprendido, exclamé: «¡Qué horror! O sea, en tu círculo familiar, en el trabajo, en tu barrio abundan los maltratadores...». La afable señora reflexionó y me respondió con cara de extrañeza: «Ahora que me paro a pensar, la verdad es que a mi alrededor no... En mi barrio tampoco hay maltratadores». De inmediato le pregunté: «Y terroristas... ¿A cuántos conoces?». Sorprendida, no me respondió. Un par de horas más tarde, me comentó con una leve sonrisa: «¡La culpa de lo que le he dicho la tienen las noticias!».

Hay tres creencias que a menudo impregnan estos dogmatismos fatalistas. Una es que a los seres humanos «¡no hay por dónde cogerlos!». La idea de que somos egoístas por naturaleza ha sido promulgada por numerosos pensadores durante por lo menos tres milenios. Como consecuencia, la popularidad del «Piensa mal y acertarás» sigue vigente. Sin embargo, la realidad es que cualquiera que observe sosegadamente a las personas de la comunidad en la que vive, no tendrá más remedio que reconocer que la gran mayoría es pacífica, solidaria y posee un buen sentido de la justicia. Otra creencia bastante extendida —que alimenta afirmaciones automáticas negativas— sostiene que la humanidad va de mal en peor, por lo que presenta una visión siniestra del futuro; de ahí la conocida afirmación de que «Cualquier tiempo pasado fue mejor». Quienes refrendan este tipo de aserciones ignoran los impresionantes avances logrados por la humanidad en todos los campos. Curiosamente, cuando se pregunta a esas mismas personas si hubiesen preferido nacer hace cien años, la respuesta es un rotundo «¡No!». Pienso que un breve repaso a nuestra historia es el mejor antídoto contra esta nostalgia. La tercera declaración automática sin base alguna en la realidad es que los seres humanos somos desdichados por definición. Esta idea a menudo se sustenta en las desgracias que anuncian sin cesar los medios de comunicación, pero choca con cientos de estudios donde se demuestra que, en condiciones normales, alrededor del 80 por ciento de las personas se sienten satisfechas con la vida en general. Hay que tener presente que la mayoría prefiere mantener su nivel de dicha

como algo personal o privado; por eso hay tanta gente satisfe-
cha con la vida que pasa desapercibida. Aparte del impacto
desmoralizador que puedan tener en nuestros interlocutores,
estas afirmaciones fatalistas instintivas moldean negativa-
mente nuestro propio estado de ánimo y nos roban la ilusión.

### Elimina del vocabulario «Que sea lo que Dios quiera»

Según varios estudios, el 40 por ciento de los pasajeros que
perecen en accidentes de aviación podrían haberse salvado si
hubiesen reaccionado de inmediato —naturalmente, prestar
atención a lo que está pasando, recordarse dónde está la puer-
ta de emergencia más cercana y no dejarse llevar por el pánico
ayuda a conseguirlo—. En cuanto al peligro de los rayos du-
rante las tormentas, es de sobra conocido que las probabili-
dades de morir son mayores si cuando vemos de lejos venir la
tormenta nos decimos «No es para tanto», permanecemos
pasivos a la intemperie en una zona plana y no nos ampara-
mos en edificios altos que puedan absorber las descargas
eléctricas. Como comenté al tratar sobre los mensajes que
sustentan la resiliencia, ante situaciones peligrosas, las perso-
nas que piensan que su defensa está en sus manos responden
con mayor determinación, resisten mejor y se enfrentan con
mayor eficacia a la adversidad que aquellas que sienten y se
persuaden a sí mismas de que sus decisiones no cuentan.

Desconfiar de la utilidad de las propias capacidades y
decisiones alimenta los sentimientos de impotencia y desam-
paro. Por ejemplo, está demostrado que el porvenir de las
personas que se enfrentan a desastres naturales como huraca-

nes, terremotos o inundaciones va a depender en gran medida de sus palabras interiores. Es más, la reacción ante el peligro a menudo determina la magnitud de los daños que sufren e incluso puede ser el factor determinante de si viven o perecen. Hace unos años, un grupo de investigadores estadounidenses decidieron examinar el hecho de que en ciertas regiones del sur del país, como Alabama, los tornados causaran cinco veces más muertes que en los estados del norte, como Illinois. Después de analizar metódicamente la duración y fuerza de los huracanes y la solidez de la construcción de las viviendas y los sistemas de alarma, estos científicos llegaron a la conclusión de que ni la extensión de los ciclones ni la solidez de las viviendas explicaban la enorme diferencia en cuanto a mortalidad. Tras numerosas entrevistas personales y observaciones en directo, se demostró que la inmensa mayoría de los residentes del sur del país suscribía la afirmación de que, en lo que se refería a su vida, «Dios la controla y me protege», o consideraba que la suerte era un factor determinante a la hora de salvarse. Y además se conformaban con «mirar al cielo y observar el movimiento de las nubes» para sopesar la peligrosidad de un huracán. Por el contrario, en el norte eran muy pocos los que estaban de acuerdo con la influencia divina o de la fortuna sobre los efectos de estos fenómenos meteorológicos. Asimismo, se informaban a través de los partes radiofónicos de las autoridades y tomaban medidas urgentes para protegerse, como buscar refugio y aprovisionarse de víveres.

En consecuencia, esta minuciosa investigación concluyó que las personas que sitúan el centro de control dentro de ellas mismas y piensan que su futuro depende sobre todo de lo que hagan o dejen de hacer se enfrentan a los peligros de forma más segura y precavida, y tienen más probabilidades de sobrevivir que aquellas que piensan que el control de la situación está fuera de ellas; bien en manos del destino, de Dios o de la fortuna. Los primeros deciden activamente su respuesta, se sienten protagonistas y actúan con determinación y comportamientos concretos. Los segundos tienden a enfrentarse a la amenaza de un modo más pasivo, se consideran espectadores de los acontecimientos e incluso se abandonan resignados a su suerte. En el mismo sentido, estudios de víctimas de cautiverios y raptos prolongados coinciden en que la supervivencia depende en gran medida de la aptitud para preservar la sensación de control sobre algún aspecto de su vida diaria.

En definitiva, ante las amenazas o las desgracias, las personas que localizan el centro de control dentro de sí mismas y piensan que dominan razonablemente sus circunstancias resisten mejor y tienen más probabilidades de sobrevivir que quienes sienten que no controlan su vida o que sus decisiones no cuentan y depositan sus esperanzas en poderes ajenos a ellos como el destino o la suerte.

Hablarnos, recordarnos y animarnos a gestionar nuestros comportamientos en diferentes circunstancias y alentarnos en nuestro lenguaje privado a dirigir nuestra vida cotidiana nos ayuda a neutralizar emociones negativas, a resistir condiciones estresantes y a protegernos de los peligrosos sentimientos de impotencia o indefensión.

Quienes ignoran o se autoconvencen de la imposibilidad de moldear su vida suelen tener una visión fatalista y creer que todos los acontecimientos están sometidos a leyes inalterables e irrevocables. Piensan que el futuro está ya decidido, sea por principios naturales, disposiciones divinas o decretos del destino. No faltan quienes incluso, al tirar los dados, borran el elemento de azar que en realidad guía su caída y leen en el resultado la fuerza implacable del destino. Al final, las personas convencidas de que el desenlace de los peligros depende principalmente de fuerzas externas abstractas, se sienten indefensas y responden con pasividad, resignación o al grito interior de «¡Que sea lo que Dios quiera!».

## Cuenta tus penas y miedos

Muchas personas que sufren experiencias amargas recurren de forma automática al silencio con el fin de enterrarlas en el olvido. El inconveniente de esta estrategia es que se arriesgan a reprimirlas en el inconsciente a largo plazo y convertirlas en focos de angustia. Además, al ocultar sus sentimientos, se aíslan de los demás justo cuando más alivio y apoyo solidario necesitan. Como hemos comprobado, las desdichas deben ser compartidas. Al narrarlas en voz alta organizamos nuestros pensamientos y hacemos más llevaderas las circunstancias y emociones que nos abruman. Y por otra parte nos beneficiamos de las expresiones de empatía y del aliento que recibimos de quienes nos escuchan. Y si la conversación incluye a personas que han pasado por circunstancias similares a la nuestra, brota en nosotros el sentimiento tranquilizador de universalidad, la sensación de que «no soy el único».

En todas las culturas, aquellos que se enfrentan a circunstancias adversas buscan conectarse con los demás, y el lenguaje hablado es el mejor medio para conseguirlo. Compartir nuestras preocupaciones en ambientes sociales receptivos estimula en nosotros emociones positivas y, a la larga, fortalece nuestra resistencia a las presiones cotidianas. Así se demuestra en diversos estudios sobre las reacciones de personas que se enfrentan a situaciones angustiosas, pues revelan que las más expresivas y comunicativas experimentan menos alteraciones en las pulsaciones cardíacas, la presión arterial y en los niveles de cortisol. Estos resultados apoyan la idea de que la comunicabilidad ayuda a neutralizar los efectos dañinos del estrés excesivo. La sintonía entre las personas se manifiesta en la facilidad con la que nos transmitimos confianza, seguridad y entusiasmo. En este sentido, está comprobado que la participación semanal en grupos de autoayuda estimula la esperanza y la calidad de vida en quienes sufren enfermedades crónicas como psoriasis, diabetes, asma o artritis. Los aquejados por estas dolencias que participan en sesiones donde comparten sus experiencias experimentan una mejoría en sus síntomas. No cabe duda de que explicar ante otras personas las adversidades que se cruzan en nuestro camino nos ayuda a superarlas, además de que nos permite recibir de quienes nos escuchan consejos o posibles fórmulas para aliviar el estrés o la pena que sentimos. Sin embargo, no todos tenemos la misma facilidad para hablar sobre temas dolorosos personales, ni nos sentimos cómodos por igual al expresar o describir lo que sentimos.

La predisposición a compartir intimidades es individual y está condicionada por nuestra personalidad, por experiencias pasadas y por las costumbres sociales. Por eso es importante tener en cuenta que el objetivo de compartir sentimientos penosos no es provocar ansiedad, sino todo lo contrario: desahogarnos, aliviar temores, poner en perspectiva nuestras emociones y deshacernos de esos secretos venenosos que tanto daño pueden causar a largo plazo. Diversos estudios sobre este tema muestran que quienes graban en un magnetófono los detalles de sus experiencias traumáticas como si se las estuviesen narrando a un amigo o compartiendo con un terapeuta, organizan e integran en su vida esas experiencias, las superan y se recuperan a nivel físico y mental en pocos días. Por el contrario, aquellos que se limitan a pensar o a comentarse a sí mismos interiormente las circunstancias penosas que vivieron no mejoran; de hecho, tienden a convertir las imágenes y emociones de las experiencias vividas en pensamientos desorganizados, repetitivos y obsesivos que invaden su mente durante meses.

También los niños pequeños que afrontan adversidades encuentran consuelo cuando personas de su confianza los animan a contar sus miedos, o a representarlos jugando con sus muñecos. El alivio es aún mayor si además estas personas adultas los escuchan con atención, contestan a sus preguntas con palabras claras y sencillas, y refuerzan en los pequeños la idea de que lo que sienten es real y merece consideración y respeto. A los niños les tranquiliza sentir que cuentan con la protección y ayuda de sus padres, familiares o cuidadores en esos momentos en los que el mundo les parece menos seguro que nunca.

En resumen, compartir con personas comprensivas y solidarias las cosas que nos afligen es una estrategia protectora de eficacia probada. El mero acto de transformar sentimientos de ansiedad, tristeza o indefensión en palabras, de explicar en voz alta nuestros miedos y dar sentido a las situaciones confusas nos tranquiliza y nos ayuda a pasar página. Por el contrario, tratar de disimular, reprimir, ignorar, anestesiar y callar cuando nos sentimos abrumados por la incertidumbre y la vulnerabilidad magnifica la angustia y nos predispone a sufrir trastornos depresivos que envenenan nuestra felicidad. Dice un antiguo proverbio que las palabras son las llaves del corazón. Narrar nuestras experiencias penosas protege nuestra salud mental y física, vigoriza nuestra capacidad para adaptarnos a los cambios y superar las adversidades que irremediablemente nos depara la vida. Contándolas las reciclamos hasta convertirlas en historias comprensibles para uno mismo y para los demás. Además, al compartir con otros las circunstancias dolorosas que vivimos, nos beneficiamos de las muestras de apoyo y solidaridad que recibimos. Al fin y al cabo, la solidaridad es una fuerza natural muy potente que nos une y promueve sentimientos de seguridad y esperanza, amortigua la angustia que nos causan los infortunios y protege nuestra satisfacción con la vida en general.

## Celebra tus alegrías, pero no las descuartices

Llama la atención que se hayan estudiado extensamente los beneficios para la salud de expresar y compartir las experiencias negativas que nos abruman, pero que apenas se haya prestado atención a cómo conviene tratar los momentos dichosos que disfrutamos, como cuando nos enamoramos, vivimos felizmente en pareja, tenemos hijos, nos promocionan en nuestro trabajo o logramos algo importante. Tal vez el motivo sea que estas experiencias no producen sufrimiento, por lo que no atraen tanto el interés de los profesionales de la salud y los científicos. Lo cierto es que profundizar y analizar en detalle las experiencias que nos hacen felices tiene sus inconvenientes. De entrada, mantener en nuestro interior un cierto misterio tras haber experimentado un acontecimiento positivo prolonga el placer. Por el contrario, estudiar de forma metódica los ingredientes del momento feliz para hacerlo más tangible y quizá darle más certeza reduce el encanto y el goce. La construcción de un significado concreto o explicación racional elimina el velo mágico que rodea a las vivencias positivas especiales y las transforma en sucesos más normales y ordinarios.

En general, el análisis sistemático de acontecimientos felices mediante el lenguaje privado es contraproducente. Intentar racionalizarlos o darles significados desprovistos de magia o encanto los convierte en sucesos corrientes, puesto que al examinar minuciosamente con palabras los momentos en los que nos hemos sentido muy felices corremos el peligro de robarles emoción y convertirlos en sucesos cotidianos. Tengamos presente que cuidar el hechizo de los momentos dichosos es importante. Con esto no quiero sugerir que estas experiencias alegres no deban anunciarse, compartirse, festejarse, recordarse y celebrarse; lo que debemos evitar es entrar a fondo en su análisis. Una cosa es saborear mentalmente los momentos dichosos y otra desmenuzarlos, investigarlos o razonarlos poniéndolos en palabras concretas. La intensidad emocional positiva que sienten las personas al contar una experiencia muy feliz se pierde cuando se les pide que la analicen en detalle. La perplejidad que acompaña a momentos felices aumenta el placer y el gozo, mientras que la certidumbre y las intelectualizaciones de estas experiencias reducen su intensidad placentera.

Y eso no es todo, pues el análisis, paso a paso, de una gran alegría o un gran triunfo puede llevarnos incluso a cuestionar nuestra buena fortuna —«Ahora que lo analizo, pienso que no me lo merezco»—, a considerar el factor casualidad —«Todo ha sido cuestión de suerte, me encontraba en el lugar y momento adecuados y punto»—, a quitarle importancia —«Realmente no fue para tanto, mejor no hablar de ello»— o, incluso, a anticipar el rechazo de otros —«Quienes me escuchen van a tener envidia y me rechazarán»—. Por mi parte, a no ser que haya una razón poderosa que lo justifique, no aconsejo el examen minucioso de estos momentos dichosos. El microscopio y la disección de estas vivencias afortunadas tan especiales reducen su intensidad emocional positiva e, incluso, pueden evocar en nosotros sentimientos de duda, culpa o preocupación. Las emociones positivas deben ser cuidadas, dejándolas estar para que fortalezcan nuestra satisfacción con la vida y fomenten actitudes y comportamientos saludables. Además, nos protegen de la ansiedad, la depresión y los efectos nocivos de las preocupaciones obsesivas. Por eso es tan importante cuidarlos y no robarles encanto. En este sentido, es recomendable compartirlos y festejarlos, pero sin entrar en análisis detallados de las circunstancias o los hechos. Su análisis en detalle solo es útil si lo que buscamos es aprender de ellos con el propósito de descubrir la fórmula para repetirlos.

En definitiva, la tendencia a saborear las experiencias positivas, recordarlas y predecir futuros acontecimientos positivos es un ejercicio saludable que está relacionado con un mayor bienestar emocional. Verbalizar y revivir de un modo espontáneo momentos maravillosos de triunfo, sin enjuiciarlos ni entrar en análisis rebuscados, ayuda a mantenerlos vivos, llenos de encanto y de emociones positivas. Por el contrario, razonarlos metódicamente y diseccionarlos les roba el hechizo y minimiza sus efectos saludables.

## RECONOCE TUS FALLOS Y EXPRESA ARREPENTIMIENTO

Desde la más remota antigüedad, todas las civilizaciones han practicado el rito de la confesión, mediante el cual miembros de comunidades declaraban a otros sus transgresiones. Hoy, la confesión sigue siendo importante en las relaciones y la convivencia en general. Es un acto que implica el reconocimiento verbal de la responsabilidad personal en situaciones determinadas, que a menudo proporciona alivio y desahogo al que se arrepiente; en casos en los que ha quebrantado algún principio o norma social, también le permite sentirse absuelto.

Antes de entrar de lleno en el tema, quiero advertir que a lo largo de los años he oído a muchas personas disculparse cada dos por tres en sus relaciones personales y en el trabajo, incluso cuando no han hecho nada malo. Esta tendencia a pedir disculpas sin motivo puede ser contraproducente, pues llega a afectar a cómo se siente uno consigo mismo. Además, al disculparse por cosas fortuitas que obviamente no necesitan disculpa, quienes escuchan se ven obligados a decir repetidas veces: «No, en absoluto», «Está bien», «No te preocupes», en lugar de hablar del tema en cuestión.

Frecuentes disculpas innecesarias se vuelven irrelevantes y disminuyen el poder de las palabras cuando en realidad se cometen errores. Muchas personas reconocen que usan la expresión «Perdona» como un recurso fácil para evitar discusiones. A veces, apresurarse a admitir la culpa implica que sea más fácil ignorar los errores, porque se pone el parche y no se analiza la situación.

Por ejemplo, llegamos tarde a una reunión. Por instinto decimos: «¡Lo siento, llego tarde!». Otra opción sería decir «Gracias por su paciencia». Personalmente he usado esta técnica y he encontrado que expresar gratitud en lugar de remordimiento cambia por completo el tono al iniciar una conversación. Clasificar pequeños tropezones o despistes como transgresiones o «delitos» es una práctica poco útil.

No obstante, ante los grandes errores que ocasionan daños en otros, expresar un remordimiento genuino con palabras claras y firmes es beneficioso en grado sumo. Escuchar nuestras propias palabras de arrepentimiento nos ayuda a borrar las dudas acerca de nuestro comportamiento, a aceptar nuestra responsabilidad y a aliviar el sentimiento de contrición. Para quienes nos escuchan o nos juzgan, nuestras palabras son una prueba importante de nuestra capacidad de reconocer nuestros actos y responsabilizarnos de ellos, y revelan nuestro propósito de enmienda.

En medicina, el campo que mejor conozco, la creciente divulgación de conocimientos sobre temas de salud, unida al rechazo a la tradicional actitud paternalista del médico, han impulsado un papel más participativo del paciente, que a menudo se traduce en una decisión clínica compartida. Se trata de una conversación en la que el médico aporta su saber y el enfermo sus deseos. En este contexto de transparencia y confianza, adquiere gran importancia la respuesta del médico en situaciones en las que es consciente de haber cometido un error en su práctica. En estos casos, la información franca y clara sobre lo ocurrido por parte del profesional valida las quejas del enfermo, alivia su indefensión y le tranquiliza con la expectativa de que, al reconocer sus fallos, se compromete a evitarlos en el futuro.

Sin embargo, estas sabias advertencias no acaban de calar completamente en el mundo de la sanidad, a pesar de que numerosos estudios demuestran que cuando los doctores admiten sus fallos y piden disculpas, los pacientes perjudicados se inclinan menos a denunciarlos. Ahora bien, para ser efectiva, la disculpa tiene que ser sincera. A fin de cuentas, nos resulta más fácil perdonar a un semejante por un error de la cabeza que por un error del corazón.

Durante los últimos quince años he formado parte del Consejo de Medicina del Estado de Nueva York. Una de las actividades más importantes de los miembros de este organismo es decidir si reactivar o no la licencia para practicar la medicina a médicos que la perdieron por haber cometido delitos o infracciones en la práctica de su profesión. Antes de ser considerados merecedores de recibir de nuevo la luz verde, los candidatos deben proporcionar al consejo toda la documentación legal sobre las circunstancias que dieron lugar a la pérdida de la licencia. La decisión de restaurar o no la licencia se toma después de evaluar al detalle los hechos y de mantener una audiencia con el solicitante. En este encuentro, uno de los factores más importantes a considerar es el grado de remordimiento del médico que aspira a obtener de nuevo permiso para ejercer. La mayoría de los peticionarios son conscientes de que el jurado escuchará con atención sus palabras y observará detenidamente sus gestos y expresiones faciales, así como el componente emocional de sus respuestas, con el fin de evaluar la coherencia y autenticidad de sus declaraciones. Se trata de un punto crucial, pues la falta de remordimiento genuino es la causa más frecuente de rechazo a la petición de restablecimiento de la licencia.

Por desgracia, a pesar de sus probadas ventajas, todavía abundan las personas que se niegan a afrontar sus fallos y disculparse. Suele tratarse de individuos intransigentes, incapaces de bajarse del pedestal, de despojarse de su halo de superioridad y de acercarse a su víctima. Sin embargo, ante fallos importantes, disculparnos de forma sincera y a tiempo tiene un gran valor. No solo alivia el resentimiento de la persona dañada, sino que humaniza y dignifica al transgresor. Los sentimientos justificados de culpa y remordimiento son útiles porque nos ayudan a reconocer nuestros errores. Nos empujan a ver el lado ajeno y a esforzarnos en cambiar nuestras actitudes y comportamientos con el fin de ser mejores personas. Sin duda, es bien cierto el dicho que una disculpa sincera y a tiempo es el superglue que repara casi todo.

PERDONA EN VOZ ALTA Y EN VOZ BAJA

Como el recorrido impredecible que sigue la hoja al caer del árbol, el rumbo de nuestra vida suele alterarse por infortunios inesperados que quiebran nuestro equilibrio vital y nos convierten en víctimas. Maldecir a quienes nos dañan de un modo intencionado y resistirnos a perdonar sus agresiones son respuestas muy humanas y comunes. De hecho, bastante gente mantiene archivada en su memoria una lista de lo que consideran transgresiones imperdonables. Entre los ejemplos que se suelen mencionar están los actos crueles premeditados y las traiciones inexcusables por parte de personas queridas.

Muchos piensan que perdonar a los autores es una incoherencia o, sencillamente, es pedir demasiado, pero el problema de quienes no perdonan es que viven estancados en el ayer, obsesionados con los malvados que trastocaron su vida, lo que les impide cerrar la herida. El resentimiento enquistado amarra a muchos al pesado lastre que supone mantener la identidad de víctima. La decisión de expresar el perdón requiere reflexión y esfuerzo, así como hablarnos y persuadirnos a nosotros mismos. El objetivo principal es liberarnos emocionalmente y dedicar nuestra energía a desarrollar con entusiasmo las parcelas gratificantes de nuestra vida. Con todo, la cuestión de perdonar a menudo se convierte en un obstáculo para nuestra tranquilidad emocional. Algunos tardan semanas, otros esperan meses e incluso hay quien deja pasar años, pero al final son muchos los que se enfrentan al dilema del perdón. Su significado varía de persona a persona, pues decidirse a concederlo y la forma en que lo hagamos están condicionados por la explicación que le damos a la injuria recibida y por la huella que dejó en nosotros.

Se acostumbra a pensar que el perdón supone un intercambio verbal entre ofendido y ofensor, que idealmente resulta en la restauración, al menos en parte, de la relación. Para que así ocurra, ambos tienen que querer y poder hablarse en persona. Sin embargo, en muchos casos ni las víctimas ni sus verdugos cumplen estos requisitos. De ahí la importancia del lenguaje interior, que nos permite perdonar a solas. Perdonar se convierte entonces en un discurso íntimo, privado, emocional y difícil que requiere motivación, convencimiento y valentía. Es un intercambio privado y subjetivo en el que solo mandan las palabras y los sentimientos. El objetivo principal de este perdón es liberarnos del rencor enquistado, del lastre paralizante que supone seguir considerándonos víctimas, para poder pasar página y dedicarnos a lo que nos complace en la existencia.

Perdonar en el lenguaje privado no disminuye la gravedad de la ofensa, no exige arrepentimiento a los culpables ni elimina el derecho a la justicia. Sin embargo, ayuda a los damnificados a poner la agresión en perspectiva para superarla, recuperar la paz interior y abrirse de nuevo al mundo. Como escribió Desmond Tutu, el obispo anglicano de Sudáfrica que recibió el Premio Nobel de la Paz en 1984, «Sin perdón no hay futuro».

Estoy convencido de que la tendencia a pasar página, con ayuda de los monólogos privados, es un ingrediente de esa fuerza vital que permite a los miembros de nuestra especie a hacer las paces, reponerse y seguir adelante. Pero esto no es todo. Está demostrado que pasar página no solo beneficia el equilibrio emocional de la persona, sino que también protege el corazón, la presión arterial y el sistema inmunológico. En definitiva, es bueno para la salud. Es un hecho que los perjudicados por agravios ajenos que obtienen el pasaporte de víctima temporal y perdonan se recuperan mejor y retoman antes el timón de su vida que aquellos que se aferran a esta nacionalidad. La identidad de agraviado a perpetuidad es contraproducente porque prolonga el daño, y drena la energía y la motivación para comenzar un nuevo capítulo de la vida. El papel de víctima también es traicionero, pues a menudo seduce a los afligidos con derechos o prebendas especiales, pero, al mismo tiempo, les roba la energía y la confianza que necesitan para superar el trauma. «Errar es humano, perdonar es divino...», decía Alexander Pope haciendo gala de su sabiduría, pues expresar con palabras el perdón es saludable y muy útil para convivir, especialmente a la hora de resolver conflictos y decepciones en las relaciones con los demás.

## SI REZAS POR OTROS, NO SE LO DIGAS

Rezar para que sanen personas enfermas es una de las prácticas más antiguas y universales. Incluso quienes no creen invocan a menudo la ayuda de Dios cuando se enteran de que un ser querido sufre una grave dolencia. Pese a esta extendida costumbre, la eficacia de las oraciones piadosas se ha examinado objetivamente desde poco tiempo atrás. Hace unos años salieron a la luz pública los resultados de varias investigaciones sobre los efectos de la plegaria, llevada a cabo por terceros, en la recuperación de enfermos, en su mayoría creyentes. Publicados en revistas científicas muy prestigiosas, estos estudios habían sido realizados en múltiples hospitales estadounidenses por un amplio grupo de respetados cardiólogos, encabezado por Herbert Benson, profesor de la Universidad de Harvard.

Una de las investigaciones más significativas consistió en

que tres congregaciones religiosas se encargasen de rezar durante 14 días por casi 2.000 pacientes cardíacos, a los que se referían por su nombre de pila. Todos ellos habían sido sometidos a la operación a corazón abierto, que en la jerga médica se conoce por *bypass*. Esta intervención consiste en recomponer con injertos las arterias coronarias obstruidas, y se realiza anualmente en unas 800.000 personas en todo el mundo. Los resultados revelaron que el 60 por ciento de los pacientes que fueron informados, antes de la intervención quirúrgica, de que las congregaciones rezarían por ellos, padecieron complicaciones serias, como ataques de corazón, apoplejías o infecciones. Por el contrario, tanto los enfermos que no fueron objeto de plegarias como a los que dedicaron oraciones sin saberlo, sufrieron significativamente menos complicaciones posoperatorias. Conclusión: mientras que los rezos a espaldas del doliente son inocuos, rezar por un enfermo que ha sido avisado con antelación de las oraciones es perjudicial para su salud y restablecimiento.

Es comprensible que resulte contraproducente comunicar a un enfermo grave o a un paciente que se va a enfrentar a una intervención delicada que personas piadosas rezarán por él. Y la razón no es el temor que pueda provocar la noticia —«¿Tan mal estoy para que tengan que implorar a Dios mi recuperación?»—, sino el peligro de que el enfermo decida eludir su responsabilidad personal de alimentar la esperanza y combatir la enfermedad, y opte por delegar en otros, incluyendo las fuerzas divinas, su curación.

Estoy seguro de que este aviso de la ciencia no va a impedir que las personas religiosas sigan orando por sus semejantes desafortunados, pues sabemos que los frutos de las prácticas solidarias tienen un efecto positivo sobre quienes las llevan a cabo. Está demostrado que las personas que se involucran en actividades orientadas a beneficiar a otros disfrutan de una autoestima más alta, sufren menos ansiedad, duermen mejor, consumen menos alcohol y persisten con más tesón ante los reveses cotidianos que quienes rehúyen cualquier actividad altruista. Tampoco va a desaparecer la necesidad de las personas desgraciadas de buscar en otros una fuente de apoyo y esperanza. En todo caso, lo que no hay que perder de vista es que, para la mayoría de las personas que se enfrentan a las calamidades de la vida, los mensajes más reconfortantes que reciben proceden de sus propias voces internas, de las palabras de esperanza que se dicen a sí mismas en su lenguaje privado.

Los soliloquios en los que nos aseguramos con confianza que lo que deseamos o nos merecemos va a ocurrir nos protegen del fatalismo y la indefensión. Estos esperanzadores monólogos pueden alimentarse de creencias religiosas, de causas como el amor, la autodeterminación o de alguna fuerza natural del universo. Pero independientemente del argumento mundano o divino que elijamos, es imprescindible que mantengamos el convencimiento de que el control de nuestro barco está en nuestras manos, y que adoptemos una actitud decidida para luchar contra los males que nos afligen.

Todos nacemos con dos nacionalidades: la del país de la vitalidad y la del estado de la invalidez. Aunque preferimos habitar en el país del vigor y la salud, tarde o temprano nos vemos obligados a vivir en el reino de la enfermedad. Llegado ese momento, si decidimos rezar por nuestros seres queridos enfermos, lo más prudente es hacerlo en secreto. Y si somos nosotros los dolientes y almas caritativas nos ofrecen

rezarle a Dios para que sanemos, lo recomendable es decirles
«¡No, gracias!».

## En público, tú eres el mensaje

A todos nos preocupa la impresión que producimos en los
demás. Por eso, a menudo nos comportamos de la forma que
creemos que causará mejor efecto en quienes nos observan.
Son pocos los encuentros importantes en los que nos des-
preocupamos de cómo somos juzgados por quienes nos ro-
dean, y aunque los demás se fijan en nuestros gestos y forma de
relacionarnos, las palabras son el medio principal a la hora
de presentarnos y compartir con otros nuestra forma de ser
y de ver la vida.

Antes o después, casi todos dirigimos nuestras palabras a
un grupo de personas con algún motivo. Las situaciones son
diversas: profesores que dan clases a sus alumnos, conferen-
ciantes que hablan a audiencias, líderes sociales que pronun-
cian discursos o jefes que se dirigen a sus empleados para in-
formarlos o guiarlos, entre otras muchas. Además, también
en nuestro día a día nos encontramos en situaciones menos
formales en las que, bien porque queremos o bien porque nos
lo piden y no podemos negarnos, tenemos que dirigirnos a los
presentes y decir unas palabras. Basta pensar en la despedida
de un compañero que se jubila, en un cumpleaños, una boda
o en el funeral de un ser querido. Sea cual sea la situación,
recomiendo tener en cuenta dos principios. El primero es: ¡tú
eres el mensaje! Cuando digo «tú» incluyo no solo las pala-
bras que usamos, sino también el tono de voz, las expresiones

faciales, los gestos y nuestro estado emocional. La gran mayoría de la gente empieza a formarse una opinión de nosotros en los primeros 15 segundos después de presentarnos, y esas impresiones iniciales que causamos en los demás a menudo se convierten en opiniones duraderas. Consciente o inconscientemente, quienes nos rodean captan también mensajes subliminales de nosotros. Pero atención: si estamos siempre pendientes de nuestras palabras y de la impresión que producen en quienes nos escuchan, lo más probable es que perdamos la espontaneidad y alimentemos la ansiedad. Al final, lo más viable y natural es comunicarnos de la forma que sea más congruente con nuestra personalidad y estado de ánimo.

Dando y escuchando charlas en contextos formales e informales, a lo largo de los años he aprendido la importancia de preparar y ensayar en voz alta lo que nos proponemos decir. Por muy cómodos que nos sintamos o convencidos que estemos de nuestra competencia en el tema que nos disponemos a tratar, es muy importante anotar las ideas concretas que vamos a exponer y el orden a seguir; en cualquier discurso ante un público los momentos críticos son el principio y el final de lo que decimos, y es aconsejable que ambos estén conectados. También es recomendable averiguar cuanto sea posible sobre quienes nos escuchan y sobre sus expectativas, para poder adaptar la forma de expresarnos a la audiencia. De esta manera conectaremos mejor con ella, nos sentiremos más cómodos y seremos más auténticos y naturales. Si viene al caso, los ejemplos personales son un gran instrumento de conexión afectiva con los oyentes, porque el toque personal y la espontaneidad ayudan a ser aceptado, a lo que suele llamarse «caer bien».

La energía y la vitalidad son ingredientes importantes ante una audiencia, lo mismo que la perspectiva optimista o positiva, que también ayuda a conectar. No obstante, en ciertas culturas las posturas abiertamente optimistas son recibidas con cierta incredulidad, por lo que es conveniente puntualizar qué entendemos por optimismo. Desde luego, aconsejo evitar actitudes derrotistas, arrogantes o de superioridad. Por otra parte, la expresión de las emociones apropiadas al tema facilita la comunicación y la conexión con quienes nos escuchan.

Las emociones son algo personal, pero al expresarlas también las transmitimos. Por eso, a la hora de conectar con la audiencia, es tan importante la carga emotiva con la que acompañamos nuestras palabras, pues con ella producimos en quienes nos escuchan todo tipo de emociones, desde el aburrimiento hasta la alegría, pasando por el miedo, la tristeza o la curiosidad. Al mismo tiempo, influimos en las pulsaciones, la respiración y la presión arterial de nuestros oyentes. De todo esto se deriva el segundo principio a tener en cuenta, expresado acertadamente en la cita del principio de la poetisa Maya Angelou: «La gente se olvida de lo que dices, se olvida de lo que haces, pero nunca se olvida de cómo los haces sentirse».

## PON PALABRAS AL SENTIDO DEL HUMOR

Echarle un poco de sal a nuestro lenguaje, tanto social como privado, o infundir una dosis de humor y ocurrencia a nuestras palabras son herramientas muy sanas y eficaces para conectarnos con nuestros semejantes y también para proteger nuestro equilibrio emocional en tiempos de crisis. No cabe duda de que el sentido del humor fomenta las relaciones beneficiosas entre las personas en muchas circunstancias difíciles o, incluso, peligrosas. Además, impregna de gracia nuestra perspectiva de las cosas y nos ayuda a mantener una sana distancia emocional a la hora de tratar con las incoherencias y contradicciones del día a día.

La función del humor es ayudarnos a percibir la comicidad en nosotros mismos y en las circunstancias confusas o adversas. Ejerce un efecto calmante a la hora de explicarnos situaciones incoherentes o compartirlas con los demás. De hecho, la perspectiva humorística constituye una estrategia eficaz para defendernos de la tensión emocional, del miedo y de la ansiedad. Las personas que explican los malos momentos en un lenguaje jocoso los toleran mejor. Como el químico italiano Primo Levi, que sobrevivió en el campo de concentración de Auschwitz gracias al humor, el psiquiatra Viktor Frankl superó también el horror de varios años de internamiento en campos nazis con su ayuda. En su libro *El hombre en busca de sentido*, Frankl narraba: «Consciente del poder fortificante del sentido del humor, convencí a un compañero para que se inventara cada día una historia divertida sobre algún incidente que pudiera suceder al día siguiente de nuestra liberación». El beneficio principal del lenguaje del buen humor es que nos alegra la vida y, de paso, también la alarga, así que yo siempre digo que «todos los botiquines de urgencias deben incluir una dosis de humor».

En el terreno científico está demostrado que el sentido del humor ayuda a las personas a afrontar mejor las enfermedades crónicas y, por consiguiente, incrementa su esperanza de vida. A este respecto, hace unos años un equipo de científicos noruegos, encabezado por el psicólogo Sven Svebak, estudió a un grupo de enfermos de insuficiencia renal avanzada que llevaban años en tratamiento de diálisis y demostró que vivían más aquellos que poseían un alto sentido del humor, una perspectiva desenfadada y optimista de su enfermedad y de la vida en general. El humor a menudo toma la forma de chistes, esas historias breves, ocurrentes y graciosas que se cuentan para provocar sorpresa y risa en quienes las escuchan. Suelen ser juegos de palabras o conceptos con connotaciones cómicas, con argumentos de doble sentido y una cierta dosis de incoherencia. Cada cultura tiene su estilo de humor o comicidad, por lo que chistes que se consideran graciosos en una sociedad no lo son en otra. Estos chascarrillos tienen una función social y buscan conectar a la persona que los cuenta con su audiencia provocando hilaridad y risa, ese fruto saludable del sentido del humor.

La alegría y la risa se conectan en ambas direcciones: del mismo modo que la alegría produce la risa, la risa también provoca en nosotros emociones alegres. De ahí la *risoterapia*, una práctica muy antigua que busca producir beneficios emocionales por medio de la risa. Suele llevarse a cabo en sesiones de grupo, durante las cuales se aprovecha el poder contagioso de la risa con el fin de eliminar la energía negativa y provocar un estado de ánimo alegre en los participantes. No me canso de evocar el día, ya lejano, en que le pregunté a mi madre: «Mamá, cuando te mueras, ¿quieres que te enterremos o prefieres que te incineremos?». Con una leve sonrisa picaresca, me miró a los ojos y me respondió: «Luis, ¡dame una sorpresa!», y los dos rompimos a reír.

## Prepárate para las conversaciones difíciles

Vivimos hablando, charlando, cotilleando y, a veces, más a menudo de lo que quisiéramos, nos vemos envueltos en conversaciones difíciles. Son intercambios sobre cuestiones trascendentes pero delicadas, temas que tienen consecuencias y provocan, tanto en nosotros como en nuestros interlocutores, preocupación y emociones como miedo, vergüenza, desconcierto, tristeza, angustia o rabia. Estas pláticas espinosas preocupan tanto que muchas personas simplemente las evitan.

Es una reacción comprensible; después de todo, es natural tratar de evitar situaciones desagradables que puedan dar lugar a confrontaciones o altercados. Además, una de las primeras reglas de la convivencia es elegir nuestras propias batallas, decidir las circunstancias en las que vale la pena intervenir, aunque implique un riesgo. Sin embargo, puede salir caro ignorar ciertas situaciones problemáticas, o hacer la vista gorda ante personas conflictivas o errores importantes y no dar la cara por temor a posibles enfrentamientos; el hecho de evitarlos puede tener consecuencias mayores que abordarlos. No todos consideramos difíciles las mismas conversaciones.

Temas que para unos son espinosos o delicados no lo son necesariamente para otros. Los ejemplos de diálogos difíciles son múltiples y acostumbran a pertenecer al terreno de nuestras relaciones afectivas, tanto en el seno de la familia como en el de las amistades o de la convivencia en general. Un escenario frecuente es el mundo del trabajo, cuando nos vemos obligados a dar una opinión crítica de la persona con quien conversamos, o debemos reclamar algo, poner límites o decir que no a una petición.

Las conversaciones difíciles suelen encabezarlas expresiones como «Tenemos que hablar», «Tengo malas noticias», «Hablemos de lo que está pasando contigo» o «Hay algo que me preocupa». A veces nos enredamos en intercambios verbales estresantes que nos pillan por sorpresa y no controlamos, que siguen un camino inesperado y estallan como tormentas de verano. De repente, la conversación se intensifica emocionalmente y las chispas vuelan en todas direcciones. Nos sentimos aprisionados en una nube de lógica retorcida y pasiones incontenibles. Nada parece tener sentido. También hay charlas que se tornan agresivas, charlas en las que los participantes, incluso cuando son personas allegadas, se convierten en adversarios y echan mano de todo tipo de tácticas y retórica para desequilibrar a sus interlocutores, socavar sus posiciones o humillarlos. Estas «tácticas para frustrar al enemigo» adoptan diversas formas: provocaciones, insinuaciones, indirectas, manipulaciones e incluso insultos y gritos. En estos intercambios se mezclan las tácticas frustrantes con las vulnerabilidades de los individuos participantes.

Aunque seamos conscientes de que las conversaciones difíciles son inevitables, a menudo rehuimos prepararnos para afrontarlas porque sabemos que nos incomodan, nos ponen a prueba y tememos perder el control. Sin embargo, pese a la carencia de recetas universales para llevar a cabo estas conversaciones, existen estrategias muy útiles para planificarlas, mitigar el estrés y aumentar las probabilidades de hacerlas eficaces y conseguir nuestros objetivos. En primer lugar, es importante estar bien informados sobre el tema a tratar en la conversación, identificar nuestros objetivos o los resultados que nos marcamos, y buscar fundamentos para los hechos que vamos a utilizar. Asimismo, es conveniente programar la forma en que vamos a enfocar la conversación, lo mismo que elegir un momento y un lugar adecuados. Programarnos emocionalmente es muy útil para atajar estos diálogos que encienden nuestras emociones o pueden provocar reacciones fuertes en nuestros interlocutores.

Dar malas noticias es difícil para quienes las dan y, por supuesto, para quienes las reciben. El que informa se siente tenso y el informado temeroso y vulnerable. Son temas desagradables y estresantes, pero a todos nos puede ir mejor si nos preparamos y tomamos conciencia de nuestras vulnerabilidades o puntos débiles para considerar formas de protegernos o controlarnos. Por ejemplo, para quienes son muy sensibles a la hostilidad, es importante saber cómo reaccionan ante ella: ¿se retiran o aumentan la tensión, se callan o se desquitan? Ser conscientes de nuestras reacciones ante situaciones complicadas es muy eficaz a la hora de planificar nuestra intervención. Cuando nos sentimos estresados, lo que nos imaginamos casi siempre es peor que la realidad. Separar los hechos de los temores nos ayuda a concentrarnos y a decidir la mejor forma de tratar la situación.

Las probabilidades de conseguir buenos resultados aumentan si abordamos estos diálogos complicados siendo conscientes de nuestros prejuicios y sentimientos. Es igualmente recomendable ensayar de antemano con una persona neutral de confianza y considerar las diferentes formas de comunicar el mensaje, comenzando por el contenido y las palabras que vamos a utilizar. Los ingredientes principales del lenguaje para manejar las conversaciones difíciles son: claridad, neutralidad, templanza y una dosis de empatía.

«Claridad» significa elegir bien las palabras: evitar los eufemismos o hablar en círculos y expresar con sencillez lo que queremos decir.

Cuando se trata de noticias penosas o desagradables, es normal que la reacción de nuestro interlocutor sea de desconsuelo, ansiedad o irritación. Pero si el contenido es comprensible, el oyente procesará mejor la información. De hecho, los pronunciamientos claros y serenos facilitan la comunicación en lugar de complicarla. Forzar a alguien a adivinar nuestras intenciones solo prolonga la agonía de lo inevitable. El tono o la parte no verbal de estos intercambios incluye la entonación, las expresiones faciales y el lenguaje corporal. Aunque es difícil mantener un tono neutral cuando los sentimientos nos abruman, la actitud imparcial —que no significa desinteresada o indiferente— es la preferida en estas comunicaciones. El comienzo de la conversación es significativo: si el intercambio se inicia razonablemente bien, el resto tiene más probabilidades de discurrir por buen camino. Las aperturas que van mal a menudo desfiguran el resto de la conversación. En un esfuerzo por ser cordiales o incluso simpáticos, algunos interlocutores pierden el hilo del argumento y crean confusión en el receptor. Recordemos que el objetivo de estas conversaciones no debe ser sentirnos importantes o ganar puntos, y mucho menos crear enemigos. El objetivo es comunicar y obtener la información pertinente, escuchar y ser escuchado, lograr un intercambio útil con el participante y llegar a un acuerdo o a un cierre constructivo. Para lograrlo, es indispensable controlar nuestro estado de ánimo y evitar la emocionalidad excesiva.

Nuestro lenguaje interior desempeña asimismo un papel

importante en la gestión de estas conversaciones difíciles: nos ayuda a mantener el foco y a regular nuestras emociones y comportamientos durante el diálogo. Los soliloquios también contribuyen a que escuchemos y nos mantengamos conectados con nuestro interlocutor, ambos ingredientes esenciales en estos intercambios complicados y cargados de tensión. De hecho, como hemos visto al reflexionar sobre el poder del lenguaje privado, numerosos estudios demuestran que hablar con nosotros mismos nos ayuda a ejercer el autocontrol y nos impide explotar en discusiones intensas.

## No esperes al último adiós

Al nacer nos separamos del cordón umbilical que nos ha unido a nuestra madre dentro del útero y a través del cual hemos recibido todo lo que necesitamos para vivir. De esta forma tan natural comienza a ponerse a prueba nuestra capacidad para desconectarnos del mundo que nos rodea. A partir de ese momento hasta que nos vamos de este mundo, nuestro día a día está marcado por encuentros y despedidas. La realidad es que no existe el «juntos para siempre», aunque basemos gran parte de nuestra felicidad en esa atractiva fantasía. Los lazos de cariño y dependencia suelen ser temporales. Unas veces las separaciones se dan por deseo propio, otras en contra de nuestra voluntad, unas son previstas y otras insospechadas, pero casi todas tienen un impacto emocional.

A menudo, ante la despedida de un ser querido, es difícil evitar apenarse cuando sin querer irrumpen en nuestra mente imágenes vívidas de los momentos gratos que nos han unido.

Un consejo habitual es consolarse con la idea de que, en el fondo, somos afortunados por haber tenido a alguien en nuestra vida de quien nos resulta tan duro despedirnos. Sin embargo, estos pensamientos no siempre nos reconfortan. Es un hecho comprobado que las despedidas o separaciones de personas queridas son más llevaderas emocionalmente si hemos expresado nuestros sentimientos positivos a lo largo de la relación y, sin duda, antes del adiós. Es aconsejable tener en cuenta esta recomendación, pues, por desgracia, hay separaciones imprevistas, personas que parten de este mundo de forma sigilosa y rápida, que nos abandonan sin despedirse, «a la francesa» (según he leído, parece que en el siglo XVII se puso de moda en la corte francesa no despedirse cuando uno se iba de una reunión, para no interrumpir).

A principios del año 2000 trabajé en la unidad de cuidados paliativos del hospital Bellevue. Recuerdo bien que, en mis conversaciones con pacientes de confianza al final de su vida, una causa de lamentos muy frecuente era el sentimiento de que no se habían tomado tiempo para expresar su cariño y agradecimiento a sus seres queridos, o para reparar relaciones rotas. Los esfuerzos que hacíamos juntos para conectar con sus seres queridos y comunicarles sus sentimientos de afecto y sus deseos de felicidad siempre tuvieron efectos consoladores gratificantes y duraderos, tanto en los pacientes como en sus seres queridos. Esto es en realidad lo que hicieron aquel trágico 11 de septiembre del 2001 muchos de los pasajeros de los aviones raptados y de las víctimas del terrorismo que se encontraban en los pisos altos de las Torres Gemelas. Movidos probablemente por el dicho universal «Más vale tarde que nunca» y a punto de sucumbir, usaron sus teléfonos móviles para comunicar por última vez con sus seres queridos y enviarles sus buenos deseos y palabras de amor.

Según testimonios recogidos por el diario *The New York Times*, Stuart Meltzer, de 32 años, desde el piso 105 de una de las torres, llamó por el móvil a su mujer y le dijo: «Amor mío, algo terrible está ocurriendo. No creo que sobreviva. Cuida de los niños. ¡Te quiero!». Brian Sweeney, de 38 años, pasajero del avión que se estrelló contra la Torre Gemela Sur, grabó un mensaje en el contestador de su prometida: «Hola, Julie, soy Brian. Estoy en un avión que ha sido secuestrado. Solo quiero decirte que, si no nos vemos más, por favor, diviértete y vive la vida lo mejor que puedas. ¡Te quiero! Pase lo que pase, ¡sé feliz!». Veronique Bowers, de 28 años, que trabajaba en las torres, llamó por teléfono a su madre y le dijo: «Mamá, el edificio está ardiendo, sale mucho humo por las paredes, no puedo respirar. Adiós, mamá, te quiero mucho. ¡Un beso!». Antes de perderse en el infinito, estas palabras de cariño se convirtieron en preciosas reliquias de amor imborrables. Y es que, como expresó Martin Luther King Jr., «Al final, nos olvidamos de las palabras de nuestros enemigos, pero no del silencio de nuestros amigos».

En mi trabajo he podido comprobar que son muchos los enfermos terminales y sus seres queridos que pueden transformar el trance de morir en una oportunidad para verbalizar su cariño, curar viejas heridas, restaurar uniones rotas y descubrir en ellos mismos virtudes que no conocían. Mi consejo es no esperar al último adiós para expresar nuestro amor, nuestra gratitud y buenos deseos a los seres queridos que han jugado un papel positivo en nuestra vida, sean pareja, familia, amistades, maestros o mentores.

## Momentos de «mejor callar»

Para empezar, no es conveniente hablar en momentos en los que necesitamos centrar nuestra atención en lo que está ocurriendo a nuestro alrededor, sea una clase, un discurso, un concierto, una obra de teatro o algo por el estilo. Tampoco es aconsejable distraernos en conversaciones intensas, sea en persona o por el móvil, mientras conducimos un vehículo o nos disponemos a cruzar la calle en medio del tráfico. Se dice que hay dos tipos de personas: las que hablan para decir algo y las que dicen algo para hablar. Pues bien, iniciar la conversación solamente por hablar en ciertos momentos críticos no es conveniente. Ante desastres o accidentes, la acción rápida y no las tertulias es lo que nos salva. Bastantes personas son víctimas de incendios y derrumbamientos porque pierden minutos preciosos en discusiones inoportunas. Está comprobado que el tiempo que los ocupantes de edificios siniestrados tardan en escapar es, con frecuencia, el factor que separa a las víctimas de los supervivientes. Los que se salvan por los pelos terminan reconociendo que llegaron a ese extremo porque dedicaron su tiempo a intercambiar impresiones y hacer llamadas telefónicas para comentar lo que pasaba. Como nos advierte la ocurrente fábula de Tomás Iriarte, en la que un conejo perseguido por perros se enreda en una acalorada disputa con otro sobre si sus perseguidores son galgos o podencos, hasta que los canes los pillan a los dos y ponen fin a la discusión: «Los que por cuestiones de poco momento dejan lo que importa, llévense este ejemplo».

El silencio como protección es utilizado por los sistemas penales de muchos países. El «derecho a guardar silencio» es bien conocido por cualquier persona que vea películas o series de televisión policíacas. En muchos países, las leyes protegen a las personas de la obligación de prestar un testimonio que podría incriminarlas. En Estados Unidos, la policía debe dejar de interrogar a los sospechosos una vez que estos hacen valer su derecho a permanecer en silencio. Igualmente, el silencio es uno de los derechos de los que la policía debe informar al detenido después de su arresto. Y en los juicios, los fiscales no pueden llamar a los acusados como testigo, salvo cuando se les ha otorgado inmunidad. Tampoco es conveniente hablar en voz alta cuando nos sentimos irascibles, impulsivos o furiosos. Si nos encontramos inmersos en situaciones conflictivas o en confrontaciones con riesgo de violencia, lo mejor es hablarnos interiormente antes de soltar la lengua.

Asimismo, no es recomendable hablar en momentos de tensión, cuando no escuchamos bien lo que nos dicen y corremos el peligro de malinterpretar las palabras o comentarios de nuestros interlocutores. Mi buen amigo y admirado colega Antonio Bulbena Vilarrasa, en su libro *Ansiedad hoy*, nos advierte de los peligros de hablar sin escuchar o sin entender de verdad lo que nos están diciendo. En unas ocasiones, esto se debe simplemente a falta de atención o a un momento de aturdimiento, pero en otras son los miedos propios los que impregnan la interpretación y la respuesta a lo que nos dicen. Para ilustrar estos casos, el profesor utiliza el siguiente diálogo de una pareja, en el que me he permitido intercambiar a los protagonistas:

ELLA: Mi amor, ¿quieres que vayamos juntos al gimnasio?
ÉL: ¿Me estás llamando gordo?

ELLA: Bueno, si quieres no vamos.

ÉL: ¿Me estás llamando vago?

ELLA: Cálmate, mi amor.

ÉL: ¿Me estás llamando histérico?

ELLA: Eso no fue lo que dije.

ÉL: Entonces ¿soy un mentiroso?

ELLA: Nada, nada, no vengas entonces...

ÉL: A ver, ¿por qué quieres ir sola, eh?

Finalmente, una situación en la que el silencio no tiene precio es cuando la alternativa es desbarrar. Aunque en la actualidad hay una gran variedad de sustancias que, ingeridas o aspiradas en cantidades suficientes, alteran el contenido y la forma del lenguaje tanto social como privado, creo que debemos centrarnos en el alcohol, el culpable más antiguo y más frecuente de estas alteraciones. Somos muchos los que usamos el alcohol en dosis moderadas, como «lubricante» de las relaciones sociales. Una copa o dos en buena compañía nos hace sentirnos más relajados, más sueltos y comunicativos, incluso más simpáticos. Este uso es muy antiguo. Según la mitología, Dionisio, el dios griego del vino —rebautizado por los romanos como Baco—, representaba los efectos sociales beneficiosos del zumo fermentado de las uvas exprimidas. Pero no hay que olvidar que casi todos hemos comprobado en algún momento, en nosotros mismos o en alguien cercano, que el alcohol nos incita a decir cosas que sobrios no diríamos.

Hay personas que tienen «mal beber», hombres y mujeres habitualmente agradables y sensatos que bajo los efectos de un par de tragos se convierten en seres suspicaces, cargantes o incluso agresivos. Y es que el alcohol no solo colorea nuestro lenguaje, sino que puede obnubilar nuestra capacidad de introspección, desconectar nuestras aptitudes ejecutivas y silenciar el lenguaje privado razonable que, en condiciones normales, nos ayuda a controlar los impulsos y considerar las posibles consecuencias de lo que decimos. Recuerdo que, hace unos años, el famoso actor australiano Mel Gibson fue detenido por conducir borracho y a gran velocidad en Malibú, la bella ciudad costera de California. Los policías encontraron una botella de tequila medio vacía en su automóvil. Durante el forcejeo del arresto, Gibson soltó una sarta de improperios antisemitas del tenor de «los judíos son los responsables de todas las guerras que hay en el mundo», profirió groserías machistas contra una mujer policía y amenazó al oficial encargado de su detención con tomarse la revancha. Cuando los vapores del tequila se disiparon y su alcoholemia descendió, el actor pidió perdón públicamente y declaró sentirse abochornado «por decir cosas despreciables que no son verdad». Días después, ya en un centro de desintoxicación, señaló compungido: «Estoy en el proceso de entender de dónde surgieron esas terribles palabras que dije durante mi estado de embriaguez». ¿Quién habla de hecho por boca de hombres y mujeres achispados, la persona o el alcohol? Esta suele ser la pregunta que se hacen los sorprendidos o agraviados por sus improperios al plantearse si perdonar o no, y cuestionar su carácter y madurez. No pocos observadores recurren al dicho latino *in vino veritas*, que equivale a decir que cuando se bebe se dice la verdad, y afirman convencidos que las personas tienden a expresar lo que verdaderamente piensan cuando están bajo la influencia de las copas.

En estas circunstancias, también comprendo a los pecadores que recurren a los versos que el escritor Pedro Muñoz Seca puso en boca de Don Mendo, cuando este se justificó: «¡Porque no fui yo, no fui, fue el maldito cariñena, que se apoderó de mí...!».

En todo caso, el consumo en exceso saca al bebedor de sus cabales, pues apaga las neuronas encargadas de gestionar las funciones ejecutivas y de moderar nuestra forma de expresar lo que deseamos, pensamos, sentimos y hacemos, y el resultado puede ser fatal. Aunque no faltan quienes opinan que bajo la influencia del vino decimos la verdad, yo me inclino a pensar que los efectos del alcohol nos hacen desbarrar más que decir verdades, es decir, que no demos ni con la clave ni en el clavo. No cabe duda de que la persona intoxicada es responsable de haber bebido en exceso y está moralmente obligada a resarcir a los ultrajados por sus palabras. Pero no es menos cierto que el alcohol tiene el poder de implantar en las mentes de los consumidores ideas y actitudes contrarias a sus principios, y de hacerlos desvariar en términos incompatibles con sus creencias. Por todas estas razones, a falta de moderación, mi recomendación es guardar silencio.


Para finalizar, me gustaría concluir con un resumen de las ideas que he expuesto sobre hablar para conversar y hablar con nosotros mismos. Enfocaré en especial los efectos saludables del habla sobre nuestro bienestar físico, psicológico y social, así como su positiva influencia sobre la vigorosa longevidad. Seguiré el consejo de tratar de simplificar lo más posible, pero no más.

# En conclusión

Las palabras tienen un poder mágico; nos pueden traer la mayor felicidad y la desesperación más profunda.

SIGMUND FREUD

Hablar, esa maravillosa capacidad que tenemos los seres humanos de transformar mentalmente ideas, imágenes y emociones en palabras que pronunciamos en voz alta o baja, es una habilidad natural programada en nuestros genes y regulada por el cerebro. Gracias a las conversaciones que escuchamos en nuestro entorno durante los primeros años de nuestra vida, podemos desarrollar de manera espontánea nuestra facultad de hablar, para manejarla con destreza a medida que maduramos como personas. Naturalmente, la cultura y las normas sociales del lugar donde nacemos también moldean la forma de hablar desde la infancia. Oír una amplia variedad de palabras desde que nacemos no es solo una condición necesaria para hablar, sino también para favorecer el desarrollo intelectual de los pequeños. Está demostrado que quienes crecen rodeados de adultos habladores progresan mejor en el incremento de sus facultades mentales que quie-

nes viven en ambientes silenciosos o en compañía de perso-
nas parcas en palabras. Además de la diversidad de vocablos
que los niños captan de las conversaciones, oír lecturas en voz
alta de los mayores también contribuye a que desarrollen su
lenguaje, además de que facilita su comprensión de concep-
tos y su capacidad para identificar las emociones.

En el cerebro, las neuronas del lenguaje no están aisladas,
sino que funcionan conectadas con muchas otras neuronas
especializadas en diversas tareas: las de la memoria, las que
regulan las emociones y la conducta, y las que se ocupan de
los centros ejecutivos responsables de razonar. Como conse-
cuencia de esta conexión, las palabras que vocalizamos facili-
tan la grabación de conceptos en la memoria, nos ayudan a
gestionar nuestras decisiones y comportamientos, y definen
nuestro estado de ánimo. En el caso concreto de las emocio-
nes, el nexo con el lenguaje es de doble sentido: las palabras
moldean nuestras emociones y, al mismo tiempo, nuestro es-
tado emocional influye en las palabras que usamos y la ento-
nación que les damos. Cada emoción tiene su sintonía par-
ticular. Como bien dice el lingüista John Grinder, la palabra
«hola», según el tono que le demos, puede significar un salu-
do agradable, un simple reconocimiento, una amenaza o un
desprecio.

Existen dos formas de lenguaje hablado: el lenguaje so-
cial, que utilizamos para conversar, describir situaciones, co-
municar ideas y expresar deseos o sentimientos; y el lenguaje
privado, que nos permite hablarnos y mantener soliloquios,
tanto en voz alta como en voz baja. En cualquier caso, y como
hemos visto a lo largo de este libro, tanto si se trata de comu-
nicarnos con otros como si nos dirigimos a nosotros mismos,

hablar favorece la buena salud, la vitalidad y la longevidad. De ahí que promover esta forma de expresión constituya una parte de lo que llamamos *medicina de la calidad de vida*, la medicina que va más allá de curar enfermedades y fomenta las actividades que favorecen nuestro bienestar físico, psicológico y social.

Entre todas las funciones del lenguaje, la social o expresiva ha sido la más estudiada a través de los tiempos. Esto se debe a que nuestra manera de comunicarnos es el factor que más influye en nuestra imagen social. Si nos paramos a pensar en la impresión que causamos en los demás, nos daremos cuenta de que las palabras son nuestra herramienta principal a la hora de presentarnos y reflejar nuestra forma de ser y de ver la vida. Al comunicarnos con otros por medio del habla nos abrimos a ellos, expresamos nuestras opiniones, compartimos aspectos importantes de nuestra vida y mostramos nuestro temperamento.

Por todo esto, es recomendable y saludable ser conscientes de nuestro lenguaje social no solo para evitar situaciones embarazosas que dañen nuestra imagen, sino también para conectarnos mejor con nuestros interlocutores y disfrutar de la conversación. Sirvan de ejemplo esas situaciones tan comunes en las que sazonar nuestro lenguaje con un toque de humor ayuda a crear un buen ambiente y a atraer o mantener la atención de quienes nos escuchan. Al fin y al cabo, las palabras no solo sirven para expresar lo que nosotros sentimos, puesto que a través de ellas también transmitimos nuestras emociones a nuestros oyentes. Y, a menudo, lo que deja una impresión imborrable en nuestros interlocutores es cómo los hacemos sentirse. Conversar con personas comprensivas y solidarias, y compartir con ellas las adversidades que nos afligen, es una eficaz estrategia protectora de nuestra salud. Por el contrario, silenciar o reprimir las preocupaciones y temores, y guardarlos para nosotros solos sin revelárselos a nadie, magnifica la angustia y nos predispone a sufrir trastornos depresivos que envenenan nuestra felicidad. Incluso en el peor de los casos, cuando erramos, verbalizar ante quien corresponde sentimientos justificados de remordimiento puede ser en extremo beneficioso y constituir una liberación emocional.

Cuando la vida nos depara experiencias muy positivas que nos hacen felices, es conveniente compartirlas con otros y celebrarlas, pero no hay necesidad de analizarlas minuciosamente, a no ser que busquemos aprender de ellas con el fin de repetirlas. A diferencia de las preocupaciones y las ansiedades, examinar al detalle las alegrías tiende a robarles el encanto o el hechizo que las caracteriza. No hay duda de que son las palabras las que forjan nuestras conexiones afectivas, la fuente principal de satisfacción con la vida en general.

Por su potente impacto sobre nosotros, la conversación es la base de los efectos curativos de todas las modalidades de psicoterapia que hoy ayudan a millones de hombres y mujeres a resolver conflictos personales, solucionar desavenencias familiares y abordar muchos de los problemas que socavan nuestra estabilidad emocional. Un ingrediente esencial de estas conversaciones terapéuticas es estructurar y narrar las experiencias abrumadoras que nos perturban. Esta tarea nos permite transformarlas en historias coherentes, lo que nos ayuda a superarlas. Como dice el filólogo estadounidense John Grinder: «Unas cuantas palabras bien escogidas y dichas en el momento oportuno pueden transformar la vida de cualquier persona».

Además del lenguaje social, desde muy pequeños practicamos el lenguaje privado, es decir, hablamos con nosotros mismos. Este ejercicio de introspección nos permite actuar simultáneamente de protagonistas y espectadores. En lo que se refiere a dirigir nuestra vida y superar los inevitables desafíos que se cruzan en nuestro camino, los soliloquios son el instrumento principal del departamento ejecutivo de nuestro cerebro. A través de las conversaciones con nosotros mismos programamos nuestros planes y guiamos nuestros actos con el fin de alcanzar nuestras metas. Es obvio que la persona con la que pasamos más tiempo y con la que más hablamos es uno mismo, por lo que llama la atención que sean tan pocos los que se paran a analizar cómo se hablan a sí mismos, y muchos menos los que tratan de mejorar su lenguaje privado. Sin embargo, la mayoría de las personas que reflexionan sobre cómo influyen en su existencia sus diálogos interiores reconocen que la forma de hablarse a sí mismas es fundamental a la hora de regular sus conductas y dirigir su programa de vida. Además, estas deliberaciones interiores también juegan un papel primordial en la valoración de sí mismas, y la autoestima, como sabemos, es un ingrediente determinante de nuestra sintonía interior, de nuestra confianza y de nuestra disposición ante la vida. No obstante, nunca debemos olvidar que para que nuestros diálogos internos ejerzan el poder de alimentar nuestra autoestima, es necesario eliminar términos negativos irreflexivos, como el «debería» y otras generalizaciones pesimistas que minan nuestra valoración de nosotros mismos y fomentan el autodesprecio. Son muchos los que consideran sus monólogos indispensables para su estabilidad emocional y para poder superar circunstancias difíciles.

Está ampliamente demostrado que los monólogos interiores nos ayudan a controlarnos, a centrar nuestra atención y a mantener la fuerza de voluntad y la seguridad necesarias para conseguir nuestros objetivos. En este sentido, resulta de especial utilidad un mensaje interior que sitúe el centro de control dentro de uno mismo en lugar de desplazarlo a fuerzas externas como el destino, los elementos o los poderes divinos. Cabe destacar, pues, el enorme potencial que ofrece el uso constructivo del lenguaje privado, así como la importancia de ser conscientes de cómo nos hablamos. Como ha quedado patente en las páginas que anteceden, hablar con otros y con nosotros mismos es muy saludable, por lo que ejerce una influencia muy positiva en la esperanza de vida, el número de años que vivimos. Estudios multinacionales asocian la extroversión a una larga vida tanto en hombres como en mujeres, ya sean jóvenes, adultos o centenarios.

Las personas extrovertidas se caracterizan por su comunicabilidad y apertura al mundo exterior. Son personas sociables que se involucran más en todo tipo de causas, tienen más relaciones y disfrutan de un mayor apoyo social. Al mismo tiempo, la extroversión facilita la alta satisfacción con la vida que, a su vez, está relacionada con la buena salud. En este sentido, las personas extrovertidas tienden a un mayor desahogo emocional por medio de palabras, una práctica muy saludable para el corazón y para el alivio de los síntomas de las dolencias crónicas. Este es el caso de los enfermos de cáncer que participan semanalmente en grupos de apoyo, ya que viven más tiempo y disfrutan de mejor calidad de vida que quienes no participan. Sin embargo, para que la extroversión cumpla su misión vital debe ir de la mano de un trío de ases de la personalidad: la perspectiva optimista, la conciencia o capacidad para razonar y la estabilidad emocional. Estos rasgos tan valiosos ejercen su influencia positiva sobre todo a través de las conversaciones con nosotros mismos. De ahí la importancia de no olvidar el papel del lenguaje privado en promover la buena salud y su consecuencia, la longevidad.

Cuando las personas son optimistas, su lenguaje privado se caracteriza en primer lugar por la tendencia a guardar en la memoria y evocar con preferencia los buenos recuerdos, los triunfos y la superación de retos y situaciones difíciles. Además, los monólogos de los optimistas están siempre repletos de esperanza, de ese convencimiento de que sucederá lo que desean. Y, por si fuera poco, quienes piensan en positivo tienden a explicarse interiormente las cosas desde una perspectiva optimista, es decir, a buscar el lado bueno de los contratiempos y a minimizar el impacto de las desdichas. Como sugiere la psicóloga Susan Vaughan, cuando nos hablamos a nosotros mismos, la perspectiva optimista es como «una profecía que se cumple por sí misma». A través del monólogo optimista presagiamos que alcanzaremos lo que deseamos, perseveramos, y cuando compartimos nuestra visión con otros, quienes nos escuchan responden con entusiasmo. Este lenguaje interno positivo nos da ventaja en el campo de la salud, del amor, del trabajo y del juego, lo que a su vez revalida nuestras predicciones optimistas.

Por su parte, la voz de la conciencia también nos habla interiormente y nos ayuda a sopesar las ventajas e inconvenientes de nuestras actitudes, y las consecuencias de nuestros comportamientos. De esta forma, nos protege de las amenazas a nuestra salud y supervivencia. Las personas estables a nivel emocional mantienen un lenguaje privado que las ayuda a manejar sus emociones y a programar su vida de un modo razonable, lo que las hace más resistentes al estrés.

En conclusión, es un hecho sólidamente comprobado en todos los lugares del planeta que hablar, bien sea para comunicarnos con otros o para conversar con nosotros mismos, es una actividad que contribuye a la salud en su sentido más amplio y que estimula y protege nuestra calidad y cantidad de vida. Prestar atención a nuestro lenguaje, tanto social como privado, y si es necesario moldearlo para que cumpla al máximo su misión saludable es, sin ninguna duda, una inversión de lo más rentable.

# Desarrollo cronológico del lenguaje en la infancia

## Recién nacido hasta los 3 meses

- Reacciona a los sonidos.
- Se calma o sonríe cuando le hablan.
- Reconoce la voz de la madre y, si está llorando, se calma al oírla.
- Si lo están alimentando, chupa o deja de chupar en respuesta a un sonido.
- Balbucea, murmura o emite sonidos agradables.
- Llora de un modo especial según la necesidad que tenga.
- Sonríe cuando ve a la madre.

## De 4 a 6 meses

- Sigue los sonidos con los ojos.
- Responde a los cambios en el tono de la voz de la madre.
- Reconoce objetos que producen sonidos.
- Presta atención a la música.
- Balbucea de manera parecida al habla y usa una gran variedad de sonidos, incluso los que comienzan con «pa», «ba» y «mi».

- Se ríe.
- Balbucea cuando está emocionado o triste.
- Emite gorgoteos cuando está solo o jugando con alguien.

## DE 7 MESES A 1 AÑO

- Le gusta jugar a palmotear (aplaudir) y a esconderse.
- Gira la cabeza y mira de donde provienen los sonidos.
- Escucha cuando se le habla.
- Entiende las palabras referidas a cosas comunes («taza», «camión», «jugo» y «papá»).
- Responde a lo que se le pide («Ven aquí»).
- Balbucea grupos de sonidos largos y cortos («mimi», «papapa», «babababa»).
- Balbucea para llamar la atención y mantenerla.
- Se comunica usando gestos, como por ejemplo manoteando o levantando los brazos.
- Imita diferentes sonidos del habla.
- Hacia el primer año, dice una o dos palabras («mamá», «papá», «no» y «adiós»).

## DE 1 A 2 AÑOS

- Conoce varias partes del cuerpo y puede indicarlas cuando se le pregunta.
- Reacciona ante órdenes simples («Dame la bola») y entiende preguntas simples («¿Dónde está tu zapato?»).

- Disfruta de cuentos, canciones y rimas breves.
- Señala los dibujos en un libro si se le pregunta sobre ellos.
- Adquiere nuevas palabras constantemente.
- Hace preguntas usando una o dos palabras («¿Dónde está?» o «¿Tú vas?»).
- Junta dos palabras («Más pan»).
- Usa diferentes sonidos de consonantes al comienzo de las palabras.

## DE 2 A 3 AÑOS

- Usa una palabra para casi todo.
- Usa frases de dos o tres palabras para hablar de algo o pedir algo.
- Usa los sonidos g, f, s.
- Habla de modo que se hace entender por los miembros de la familia y amigos.
- Nombra los objetos para pedirlos o para que se les preste atención.

## DE 3 A 4 AÑOS

- Oye cuando lo llaman desde otra habitación.
- Oye el televisor o la radio al mismo volumen que otros miembros de la familia.
- Contesta cuando le preguntan «¿quién?», «¿qué?», «¿dónde?» y «¿por qué?».

- Habla sobre lo que hace en la escuela o en casa de sus amistades.
- Usa oraciones con cuatro o más palabras.
- Habla fácilmente sin tener que repetir sílabas o palabras.

## DE 4 A 5 AÑOS*

- Presta atención a un cuento corto y contesta preguntas simples sobre este.
- Escucha y entiende la mayoría de lo que se dice en casa o en la escuela.
- Usa oraciones que contienen muchos detalles.
- Relata cuentos manteniéndose en el tema.
- Se comunica con facilidad con otros niños y adultos.
- Pronuncia la mayoría de los sonidos correctamente, a excepción de unos pocos (g, f, s, r, l, ch).
- Usa palabras que riman.
- Nombra algunas letras y números.
- Usa gramática de adultos.

* Esta lista ha sido elaborada por la Asociación Americana del Habla, Lenguaje y Audición (American Speech–Language–Hearing Association, ASHA).

# Notas y referencias bibliográficas

## 1. HABLAR: MEDICINA DE LA CALIDAD DE VIDA

Organización Mundial de la Salud, *Documentos básicos*, Suplemento de la 45.ª edición, octubre de 2006.

Seligman, Martin E. P. y Cskszentmihalyl, Mihaly, «Positive psychology: an introduction», *American Psychologist*, n.º 55, 2000, pp. 5-14

## 2. MIS HISTORIAS CON EL HABLA

Armada, Alfonso, «Vine a Nueva York a ser feliz», *Diario ABC*, Madrid, 19 de noviembre de 2000, p. 52.

Greenson, Ralph R., «The mother tongue and the mother», *The International Journal of Psychoanalysis,* n.º 31, 1950, pp. 18-23.

«Meet dr. Death, Texas Fights To Kill Man Locked In Death Row Due To Discredited Doctor's Testimony, Virgilio Maldonado», *Think Progress,* 4 de septiembre de 2013.

«New York City Administrative Code 17-174 — Provision of interpretation Services in Hospitals», *New York Laws*

Rojas Marcos, L.; Urcuyo, L.; Kesselman, M., y Alpert, M., «The language barrier in evaluating Spanish-American patients», *Archives of General Psychiatry*, n.º 29, 1973, pp. 655-659.

—, «The effect of interview language on the evaluation of psycho-pathology in Spanish-American schizophrenic patients», *American Journal of Psychiatry*, n.º 130, 1973, pp. 549-553.

Rojas Marcos, L., y Alpert, M., «Strategies and risks in the psychotherapy of bilinguals: the phenomenon of language independence», *American Journal of Psychiatry*, n.º 122, 1976, pp. 1.275-1.278.

—, «Effects of interpreters on the evaluation of pathology in non-English speaking patients», *American Journal of Psychiatry*, n.º 136, 1979, pp. 171-174.

Rojas Marcos, L., *et al.*, «The use of sodium Amytal Interviews in a short-term inpatient unit», *Diseases of the Nervous System*, n.º 38, 1977, pp. 283-286.

Rojas Marcos, L., «José Guimón Ugartechea, protagonista internacional de la psiquiatría», *El País*, 19 de diciembre de 2016.

—, «Hospitals Need Medically Trained Interpreters», Opinion, *The New York Times*, 20 de enero de 1993.

«Texas Death Penalty Developments in 2013: The Year in Review», www.tcadp.org/TexasDeathPenaltyDevelopments2013.pdf.

3. Qué es hablar

Berk, Laura. E., y Garvin, R. A., «Development of private speech among low-income Appalachian children», *Developmental Psychology*, vol. 20, n.º 2, 1984, pp. 271–286.

Bowlby, John, *Separation, anxiety and anger*, Nueva York, Basic Books, 1973.

Chomsky, Noam, *Reflexiones sobre el lenguaje*, Barcelona, Ariel, 1979.

Darwin, Charles, *El origen de las especies*, Barcelona, Biblok, 2018.

—, *La expresión de las emociones en los animales y en el hombre*, Barcelona, Alianza Editorial, 1998.

Dessalles, Jean-Louis, *Why we talk: The evolutionary origins of language,* Oxford, Oxford University Press, 2007.

Hauser, M.; Chomsky, N., y Tecumseh Fitch, W., «The faculty of language: What is it, who has it, and how did it evolve?», *Science,* n.º 298, 2002, pp. 1.569-1.579.

Hurford, J.; Studdert-Kennedy, M., y Knight, Ch., eds., *Approaches to the Evolution of Language*, Cambridge, Cambridge University Press, 1998.

Jackendoff, Ray, «Some possible stages in the evolution of the language capacity», *Trends in Cognitive Sciences*, vol. 3, n.º 7, 1999, pp. 272-279.

Kahneman, Daniel, *Well-Being: Foundations of Hedonic Psychology*, Russell Sage Foundation, Kindle Edition, 2003.

Levi, Primo, *Auschwitz, los ahogados y los salvados*, Barcelona, Editorial Austral, 2018.

Luria, Alexander R., *The role of speech in the regulation of normal and abnormal behavior*, Nueva York, Liveright, 1961.

Piaget, Jean, *El juicio y el razonamiento del niño*, Buenos Aires, Editorial Guadalupe, 1992.

Pinker, Steven, y Jackendoff, Ray, «The faculty of language: What's special about it?», *Cognition*, n.º 95, 2005, pp. 210-236.

Ramírez, Juan D., «The functional differentiation of social and private speech: A dialogic approach», en R. M. Díaz & L. E. Berk (eds.), *Private speech: From social interaction to self-regulation*, Nueva York, Psychology Press, 2014.

«US: Teens in Solitary Confinement», *Human Rights Watch*, 10 de octubre de 2012.

*https://www.hrw.org/news/2012/10/10/us-teens-solitary-confinement*

Vygotski, Lev S., *Pensamiento y lenguaje*, Barcelona, Paidós Ibérica, 2010.

Vygotski, Lev S., y Luna, A., «The function and fate of egocentric speech», Proceedings of the Ninth International Congress of Psychology, Princeton (New Jersey), *Psychological Review*, 1930.

## 4. Nacemos y nos hacemos habladores

Argyle, Michael, *La psicología de la felicidad*, Routledge, Reino Unido, 2013.

Boeree, George y Gautier Roques, Rafael, *Teorías de la Personalidad: una selección de los mejores autores del siglo XX*, Kindle.

Dehaene-Lambertz, G.; Montavont, A.; Jobert, A., *et al.*, «Language or music, mother or Mozart? Structural and environmental influences on infants' language networks», *Brain and Language*, 2009.

Dönges, Jan, «Eres lo que hablas», *Mente y Cerebro, Investigación y Ciencia*, n.º 43, 2010.

Eysenck, S. B. G., y Eysenck, H. J., «An improved short questionnaire for the measurement of extraversion and neuroticism», *Life Sciences*, vol. 3, n.º 10, 1964, pp. 1.103-1.109.

Eysenck, H. J., y Eysenck, S. B. G., «On the unitary nature of extraversion», *Acta Psychologica*, n.º 26, 1967, pp. 383-390.

Farroni, T.; Massaccesi, S.; Menon, E., *et al.*, «Direct gaze modulates face recognition in young infants», *Cognition*, n.º 102, 2007, pp. 396-404.

Fox, E.; Ridgewell, A., y Ashwin, Ch., «Looking on the bright side: biased attention and the human serotonin transporter gene», *Proceedings of the Royal Society B.*, n.º 276, 2009, pp. 1.747-1.751.

Goldberg, L. R., «The structure of phenotypic personality traits», *American Psychologist*, n.º 48, 1993, pp. 26-34.

Haase, C. M.; Beermann, U.; Saslow, L. R., *et al.*, «Short Alleles, Bigger Smiles? The Effect of 5-HTTLPR on Positive Emotional Expressions», *Emotion*, vol. 15, n.º 4, agosto de 2015, pp. 438-448.

Hart, Betty, y Risley, Todd, *Meaningful Differences in the Everyday Experience of Young American Children*, Baltimore, Paul H. Brookes Publishing, 1995.

Kuhl, Patricia, «A new view of language acquisition», *PNAS*, n.º 97, 2000, pp. 11.850-11.857.

Lucas, R. E., y Fujita, F., «Factors influencing the relation between extraversion and pleasant affect», *Journal of personality and social psychology*, n.º 79, 2000, pp. 1.039-1.056

Lykken, David, «Research with twins», *Psychophysiology*, 19, 1982, pp. 361-367.

Mehl, Matthias R., *et al.*, «Are women really more talkative than men?», *Science*, n.º 317, 2007, p. 82

Moscoso del Prado, Fermín, «Vocabulary, Grammar, Sex and Aging», *Cognitive Science*, n.º 41, 2017, pp. 950–975.

Robins, Richard, *et al.*, «Personality correlates of self-esteem», *Journal of Research in Personality*, n.º 35, 2001, pp. 463-482.

5. Trastornos del habla

Angelou, Maya, https://www.mayaangelou.com/

Baddeley, J. L.; Daniel, G. R., y Pennebaker, J. W., «How Henry Hellyer's use of language foretold his suicide», *Crisis,* n.º 32, 2011, p. 288-292.

Boudot, Pierre, *La Jouissance de Dieu ou le Roman courtois de Thérèse d'Avila*, A Contrario, 2005.

Cohen, R.; Kelter, S., y Woll, G., «Analytical competence and language impairment in aphasia», *Brain and Language*, vol. 10, n.º 2, 1980, pp. 331-347.

De Ridder, D.; Geenen, R.; Kuijer, R., y Van Middendorp, H., «Psychological adjustment to chronic disease», *Lancet*, n.º 372, 2008, pp. 246–255.

Fundación Española de la Tartamudez, https://www.facebook.com/fundaconttm/

Lieblich, Julia, «The Cloistered Life», *The New York Times*, 10 de julio de 1983.

Remer-Osborn, J., «Psychological, behavioral and environmental influences on post-stroke recovery», *Topics in Stroke Rehabilitation*, n.º 5, 1998, pp. 45-53.

Stirman, S. W., y Pennebaker, J. W., «Word use in the poetry of suicidal and nonsuicidal poets», *Psychosomatic Medicine*, n.º 63, 2001, pp. 517-522.

Stone, J.; Townend, E.; Kwan, J.; Haga, K.; Dennis, M. S., y Sharpe, M., «Personality change after stroke: some preliminary observations», *British Medical Journal*, n.º 75, 2004, pp. 1.708-1.713

6. LENGUAJE E IMAGEN SOCIAL

Ailes, Roger, *You are the message*, Nueva York, Doubleday, 1995.

Bernard, Jared D., *et al.*, «Depression, language and affect», *Journal of Language and Social Psychology*, n.º 35, 2015, pp. 317-326.

Goffman, Erwin, *La presentación de la persona en la vida cotidiana*, Buenos Aires, Amorrortu Editores, 1993.

Newell, Ellen E., *et al.*, «You sound so down: Capturing depressed affect through depressed language», *Journal of Language and Social Psychology*, 2017.

Rey Agudo, Roberto, «Everyone has an accent», Opinion, *The New York Times*, 15 de julio de 2018.

Schneier, Franklin, «Social anxiety disorder», *The New England Journal of Medicine*, n.º 355, 2006, pp. 1.029-1.035.

Swickert, R. J.; Rosentreter, C. J.; Hittner, J. B., y Mushrush, J. E., «Extraversion, social support processes and stress», *Personality and Individual Differences*, vol. 32, n.º 5, 2002, pp. 877-891.

Triandis, Harry C., «The self and social behavior in differing cultural contexts», *Psychological Review*, n.º 96, 1989, pp. 506-520.

## 7. El escenario de la introspección

Alderson-Day, Ben, y Fernyhough, Charles, «Inner speech: development, cognitive functions, phenomenology and neurobiology», *Psychological Bulletin*, vol. 141, n.º 5, 2015, pp. 931-965.

Butler, Pamela E., *Talking to yourself: Learning the language of self-support*, San Francisco, Harper & Row, 1981.

Clark, A., y Karmiloff-Smith, A., «The cognizer's innards: A psychological and philosophical perspective on the develop-ment of thought», *Mind & Language*, vol. 8, n.º 4, 1993, pp. 487-519.

Huettig, F., y Hartsuiker, R. J., «Listening to yourself is like listening to others: External, but not internal, verbal self-monitoring is based on speech perception», *Language and Cognitive Processes*, vol. 25, n.º 3, 2010, pp. 347.

Morin, A., «Possible links between self-awareness and inner speech: Theoretical background, underlying mechanisms and empirical evidence, «*Journal of Consciousness Studies*», n.º 12, 2005, pp. 115-134.

Vygotski, Lev S., *Pensamiento y lenguaje*, Barcelona, Paidós Ibérica, 2010.

## 8. Hablarnos para gestionar la vida

Barwood, Martin J., *et al.*, «Improvement of 10-km Time-trial Cycling with Motivational Self-talk Compared with Neutral Self-talk», *Physiology and Performance*, n.° 10, 2015, pp. 166-171.

Berk, L. E., y Potts, M. K., «Development and functional significance of private speech among attention-deficit hyperactivity disordered and normal boys», *Journal of Abnormal Child Psychology*, vol. 19, n.° 3, 1991, pp. 357-377.

Blanchfield, Anthony W., *et al.*, «Talking yourself out of exhaustion: the effects of self-talk on endurance performance», *Medicine and Science in Sports & Exercise*, 46, 2014, pp. 998-1.007.

Emerson, M. J., y Miyake, A., «The role of inner speech in task switching: A dual-task investigation», *Journal of Memory and Language*, vol. 48, n.° 1, 2003, pp. 148-168.

Guerrero, Maria C. M. de, *Inner speech-L2: Thinking words in a second language*, Nueva York, Springer, 2005.

Hardy, James, «Speaking clearly: A critical review of the self-talk literature», *Psychology of Sport and Exercise*, n.° 7, 2006, pp. 81-89.

Hatzigeorgiadis, Antonis, *et al.*, «Mechanisms underlying the self-talk performance relationship: the effects of motivational self-talk on self-confidence and anxiety», *Psychology of Sport and Exercise*, n.° 10, 2009, pp. 186-192.

Jones, S. R., y Fernyhough, C., «Neural correlates of inner speech and auditory verbal hallucinations: A critical review and theoretical integration», *Clinical Psychology Review*, vol. 27, n.° 2, 2007, pp. 140-154.

Lupyan, Gary, y Swingley, Daniel, «Self-directed speech affects visual search performance», *The Quarterly Journal of Experimental Psychology*, vol. 65, n.° 6, 2012, pp. 1.068-1.085.

McCarthy-Jones, S., y Fernyhough, C., «The varieties of inner speech: Links between quality of inner speech and psychopathological variables in a sample of young adults», *Consciousness and Cognition*, n.º 20, 2011, pp. 1.586-1.593.

Tullett, Alexa, y Inzlicht, Michael, «The voice of self-control: Blocking the inner voice increases impulsive responding», *Acta Psychologica*, n.º 135, 2010, pp. 252-256.

## 9. Terapias de conversación y de grito

Bandura, Albert, *Self-efficacy: the exercise of control*, Nueva York, W. H. Freeman and Co., 1997.

Janov, Arthur, *El grito primal, Digital Books*, 2014.

Lennon, John, «Mother», *Plastic Ono Band*, Abbey Road Studios, 1970, https://www.youtube.com/watch?v=CEnc3RQE2lg.

Lyubomirsky, S.; Sousa, L., y Dickerhoof, R., «The Costs and Benefits of Writing, Talking and Thinking About Life's Triumphs and Defeats», *Journal of Personality and Social Psychology*, vol. 90, n.º 4, 2006, pp. 692-708.

Rojas Marcos, L., *Eres tu memoria*, Espasa, 2011.

Wenner, Jann, *Lennon Remembers*, Londres, Verso, 2000.

Young, Jeffrey S., *Steve Jobs: the journey is the reward*, Glenview (Illinois), Scott Foresman, 1988.

## 10. Hablar y esperanza de vida

Aldwin, M., *et al.*, «Longitudinal findings from the normative aging study: III. Personality, individual health trajectories, and mortality», *Psychology and Aging*, vol. 16, n.º 3, 2001, pp. 450-465.

Allison, P. J., *et al.*, «Dispositional optimism predicts survival status

1 year after diagnosis in head and neck cancer patients», *Journal of Clinical Oncology*, vol. 21, n.º 3, 2003, pp. 543-548.

Arai, Y., y Hisamichi, S., «Self-reported exercise frequency and personality: a population-based study in Japan», *Percept Mot Skills*, n.º 87, 1998, pp. 1.371-1.375.

Brummett, B. H., Helms, M. J., *et al.*, «Prediction of all-cause mortality by the Minnesota multiphasic personality inventory optimism-pessimism scale scores: study of a college sample during a 40-year follow-up period», *Mayo Clinic Proceedings*, vol. 81, n.º 12, 2006, pp. 1.541-1.544.

Christensen, A. J., *et al.*, «Patient personality and mortality: a 4-year prospective examination of chronic renal insufficiency», *Health Psychology*, vol. 21, n.º 4, 2002, pp. 315-320.

Costa, Paul T., y Perls, Thomas T., «Personality Traits of Centenarians' Offspring», *Journal of the American Geriatrics Society*, vol. 57, n.º 4, 2009, pp. 683.

De Moor, M. H.; Beem, A. L., *et al.*, «Regular exercise, anxiety, and depression and personality: a population-based study», *Preventive Medicine*, n.º 42, 2006, pp. 273-79.

Deyoung, C. G., «Toward a theory of the big five», *Psychological Inquiry*, vol. 21, n.º 1, 2010, pp. 26-33.

Friedman, H. S., y Martin, L. R., *The Longevity Project: Surprising Discoveries for Health and Long Life from the Landmark Eight-Decade Study*, Nueva York, Penguin, 2001.

Fuster, V. y Rojas Marcos, L., *Corazón y mente*, Planeta, 2008.

Kubzansky, L. D., *et al.*, «Is the glass half empty or half full? A prospective study of optimism and coronary heart disease in the normative aging study», *Psychosomatic Medicine*, vol. 63, n.º 6, 2001, pp. 910-916.

Lucas, R. E.; Diener, A., *et al.*, «Cross-cultural evidence for the fundamental features of extraversion», *Journal of Personality and Social Psychology*, vol. 79, n.º 3, 2000, pp. 452-468.

Marshall, C. B.; Wortman, J. W., *et al.*, «Distinguishing optimism from pessimism: relations to fundamental dimensions of mood and personality», *Journal of Personality and Social Psychology*, vol. 62, n.º 6, 1992, pp. 1.067-1.074.

Maruta, T., *et al.*, «Optimists vs pessimists: survival rate among medical patients over a 30-year period», *Mayo Clinic Proceedings*, vol. 75, n.º 2, 2000, pp. 140-143.

Masui Y., *et al.*, «Do personality characteristics predict longevity? Findings from the Tokyo Centenarian Study», *Age,* n.º 28, 2006, pp. 353-361.

Mosing, M. A., *et al.*, «Genetic influences on life span and its relationship to personality: a 16-year follow-up study of a sample of aging twins», *Psychosomatic Medicine*, vol. 74, n.º 1, 2012, pp. 16-22.

Potgieter, J. R., y Venter, R. E., «Relationship between adherence to exercise and scores on extraversion and neuroticism», *Percept Mot Skills*, n.º 81, 1995, pp. 520-522.

Rojas Marcos, L., *La fuerza del optimismo*, Aguilar, 2005.

Schulz, R., *et al.*, «Pessimism, age, and cancer mortality», *Psychology and Aging*, vol. 11, n.º 2, 1996, pp. 304-309.

Segerstrom, S. C., «Personality and the immune system: models, methods, and mechanisms», *Annals of Behavioral Medicine*, vol. 22, n.º 3, 2000, pp. 180-190.

Segerstrom, S. C., «Optimism and immunity: do positive thoughts always lead to positive effects?», *Brain, Behavior, and Immunity*, vol. 19, n.º 3, 2005, pp. 195-200.

Shipley, Beverly; Mphil, A.; Weiss, Alexander, *et al.*, «Neuroticism, Extraversion, and Mortality in the UK Health and Lifestyle Survey: A 21-Year Prospective Cohort Study», *Psychosomatic Medicine*, vol. 69, n.º 9, 2007, pp. 923-931.

Svebak, Sven, *et al.*, «A 7-year, prospective study of sense of humor and mortality in an adult county population», International Journal Psichiatry Med, 40(2), 2010, pp. 125-146.

Terracciano, A., Tanaka, A. R., *et al.*, «BDNF Val66 Met is associated with introversion and interacts with 5-HTTLPR to influence neuroticism», *Neuropsychopharmacology*, vol. 35, n.º 5, 2010, pp. 1.083-1.089.

Wilson, R., *et al.*, «Neuroticism, extraversion, and mortality in a defined population of older persons», *Psychosomatic Medicine*, vol. 67, n.º 6, 2005, pp. 841-845.

## 11. LECCIONES PRÁCTICAS

Benson, Herbert *et al.*, «Study of the Therapeutic Effects of Intercessory Prayer (STEP) in cardiac bypass patients: a multicenter randomized trial of uncertainty and certainty of receiving intercessory prayer». *American Heart Journal*, 151(4), 2006, pp. 934-942.

Bialystok, Ellen, «The bilingual adaptation: How minds accommodate experience», «*Psychol Bull.*, 143(3), 2017, 233-262.

Blazina, Christoph *et al.*, «The Psychology of the Human-Animal Bond», *Springer*, Nueva York, 2011.

Rojas Marcos, L.: *Superar la adversidad*, Espasa, 2010.

Svebak, Sven *et al.*, «Sense of humor and survival among a county cohort of patients with end-stage renal failure: a two-year prospective study», *Int J Psychiatry Med.*, 36 (3), 2006, 269-81.

Vaughan, Susan C.: *Half empty half full*, Harcourt, Nueva York, 2000.

# Agradecimientos

A lo largo de los años han pasado muchos maestros
por mi orquesta. Algunos fueron famosos; la mayo-
ría, personas corrientes. Y tengo que decirte que la
experiencia ha sido grandiosa. Pero no hubiera sido
posible sin ellos. Sin sus notas mágicas, sin sus perlas
musicales, no lo hubiese conseguido. ¡Este brindis es
por la orquesta!

FRANK SINATRA, 1983

Como podéis imaginar, queridos lectores, el escenario princi-
pal donde he descubierto y practicado las funciones y pode-
res del habla ha sido el de la medicina y la psiquiatría, las ta-
blas en las que he vivido, aprendido y actuado la mayor parte
de mi vida. Especialmente útiles han sido para mí las ense-
ñanzas de mis pacientes. Y como es natural, mis experiencias
personales con el habla han influido en mis opiniones.

Por suerte, a la hora de volcar estas ideas en el papel —y
en la pantalla del ordenador— he contado con el estímulo
y el soporte incansable de mi compañera María Ivanova y
con las sabias sugerencias de mi hija Laura Rojas Marcos. Una
vez más, he tenido la gran suerte de contar con la pluma y los

expertos consejos de mis buenos amigos Mercedes Hervás y Gustavo Valverde, así como con el apoyo y la eficacia ejecutiva de Montserrat Prats Costa. También quiero expresar mi gratitud a Laura Álvarez, editora de Grijalbo, por su infinito entusiasmo y magníficas ideas.

# Índice alfabético